從一國歷史
預視世界
的動向

印度，不可思議。

極簡 印度史

【監修】水島司

楓樹林

前言

兩種極端兼容並存的魅力

印度是佛教創始人釋迦牟尼的祖國，大家是否因此對印度懷有一分親切感呢？印度在進入二十一世紀後，有了令人嘆為觀止的大幅轉變，成為目前牽引世界局勢的大國之一。城市裡四處俯臥的牛消失了，汽車塞滿了道路，接二連三開幕的購物中心裡陳列琳瑯滿目的商品。可是另一方面，印度依然存在社會階級制、嚴重的宗教對立，且貧民窟的範圍愈來愈大。包容了這一切現象的國家，正是現今的印度。

兩個極端的現實協調並存的印度社會，對於生活在均質化社會的日本人來說或許並不容易理解，有時顯得神祕感十足。但是，如今印度在全世界的影響力正迅速擴大、與日本之間的距離亦日漸縮短，因此我們必須了解這樣的印度究竟經歷過什麼，才會形塑出如今的風貌。本書彙整了印度錯綜複雜的過往，期望能幫助更多人探究其中的歷史。

監修　水島司

歷史冷知識！

印度的4大祕密

這些意想不到的史實，就要介紹給初次接觸印度史的你！

Secret 1

印度也可以不是印度？原來有兩個國名!

如果你前往印度旅行，對當地人說「婆羅多是個很棒的地方」，對方說不定會覺得你很親切。這是因為，大多數的印度人都稱呼自己的國家為「婆羅多」。換句話說，婆羅多也是印度的正式國名。

→詳情參照 32 頁

Secret 2

獨具風情的印度教神廟擁有講究的裝飾與精緻匠心

提到寺廟，或許很多日本人會先聯想到佛教寺院的莊嚴形象。印度教的神廟雖然也散發出莊嚴的氣息，但講究的裝飾和精緻的匠心也相當引人注目。尤其是南印度的密納克西神廟，外觀更是令人印象深刻。

→詳情參照 90 頁

Secret 3

印度人都包特本頭巾？路上卻很少看到包著頭巾的人！

不知從何時開始，我們想像中的典型印度男子，都是頭上包著特本頭巾的形象。然而實際上到了印度，卻很難得看到包頭巾的人。這是因為平常會包特本頭巾的人，主要都是錫克教徒。

→詳情參照 163 頁

Secret 4

聖雄甘地居然沒有陵墓？

許多遊客都會拜訪各國的偉人陵墓、緬懷他的過往。但是，甘地卻僅僅只有慰靈碑，沒有陵墓。這種現象並不是只限於甘地，凡是印度教徒都會遵循教義，在死後的遺體火葬後，將骨灰流入恆河中。

→詳情參照 192 頁

接下來，我們就來探究印度史吧！

目錄

chapter 3 伊斯蘭勢力進駐

chapter 4 英國的統治

chapter 5 獨立與分裂

chapter 6 大國的歷程

祕密專欄

※本書主要參考自《新版 南アジアを知る事典》（平凡社）

序章

充滿多樣性的神祕國度

你翻開這本書，應該就代表你對印度這個國家有興趣吧。提到印度，就是咖哩、佛教、瑜伽這些我們都很熟悉的文化發祥地。近年來，印度也漸漸成為科技大國，獨特的印度式算數、載歌載舞的印度電影也十分有名。人們為了沐浴而造訪的恆河聖地瓦拉納西、全世界最美麗的建築泰姬瑪哈陵，這些代表印度的觀光勝地圖片和影像，應該很多人都看過吧。

但是，這些知識和印象僅僅只是冰山一角。實際造訪印度，令人無法理解的事物多得像洪水般潮湧而來。各種容貌和服裝的人走在街頭，牛隨意俯臥在路旁，寺廟裡排列著五彩繽紛的神像，舉行著在外人看來稀奇古怪的儀式。為什麼會這樣？怎麼會這樣？無法理解的場景紛紛映入眼簾。

印度的領土面積將近日本的九倍、為全球第七大，人口也是世界數一數二的多。

現在的印度領土

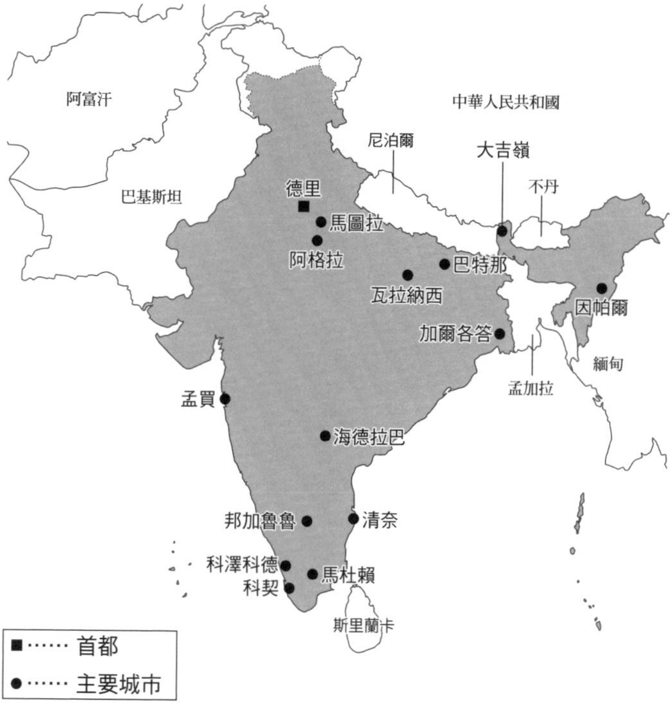

總面積	3,287,469平方公里
人口	約13億6700萬人
首都	德里

※參照日本外務省官方網站資料（2021年1月）

殖民地時期的城市名	現在的城市名
卡利卡特	科澤科德
科欽	科契
卡利卡塔	加爾各答
馬德拉斯	清奈
邦加羅爾	邦加魯魯
Bombay	孟買

※近年改名的主要城市

官方語言包含印地語在內，共有二十二種法定語言，國內七百八十種以上的語言當中，有一萬人以上精通的語言多達一百種以上。而印度大約有八成的國民都是印度教徒，另外還有伊斯蘭教、基督教、錫克教、佛教、耆那教等多種宗教信仰。光是看印度的語言和宗教，就可以了解這個國家的多樣性。

如果要解釋這個多樣性究竟是如何孕育出來的，那就必須從「印度次大陸」（印度半島）的形成開始說起。推測在距今三億～二億年前，地球上有個巨大的盤古大陸，這片大陸後來分裂成好幾塊，其中一塊往北移、撞上歐亞大陸後連在一起，就這麼形成了印度次大陸。

各個大陸互相撞擊時產生的驚人力量，把海底往上推擠成為喜馬拉雅山脈。在喜馬拉雅山一帶發現的海洋生物化石，正訴說了這裡過去曾經沉在海底。

北方以標高八千公尺級的高聳喜馬拉雅山脈為首，喀喇崑崙山脈、興都庫什山脈連綿不絕，西方由阿拉伯海、東方由孟加拉灣環繞而成的倒三角形地區，就是印度

印度的行政區劃

區劃	名稱
聯邦屬地	㉙ 德里國家首都轄區
	㉚ 昌迪加爾
	㉛ 達德拉－納加爾哈維利和達曼－第烏
	㉜ 拉達克
	㉝ 拉克沙群島
	㉞ 朋迪治里
	㉟ 查謨和喀什米爾
	㊱ 安達曼－尼科巴群島

※2021年4月時

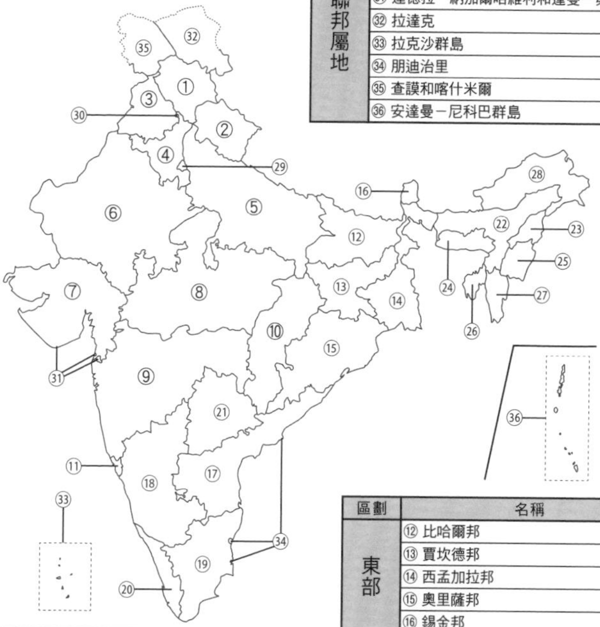

區劃	名稱
東部	⑫ 比哈爾邦
	⑬ 賈坎德邦
	⑭ 西孟加拉邦
	⑮ 奧里薩邦
	⑯ 錫金邦
南部	⑰ 安德拉邦
	⑱ 卡納塔卡邦
	⑲ 坦米爾那都邦
	⑳ 喀拉拉邦
	㉑ 泰倫迦納邦
北東部	㉒ 阿薩姆邦
	㉓ 那加蘭邦
	㉔ 梅加拉亞邦
	㉕ 曼尼普爾邦
	㉖ 特里普拉邦
	㉗ 米佐拉姆邦
	㉘ 阿魯納查邦

區劃	名稱
北部	① 喜馬偕爾邦
	② 北阿坎德邦
	③ 旁遮普邦
	④ 哈里亞納邦
	⑤ 北方邦
	⑥ 拉賈斯坦邦
西部	⑦ 古加拉特邦
	⑧ 中央邦
	⑨ 馬哈拉什特拉邦
	⑩ 恰蒂斯加爾邦
	⑪ 果亞邦

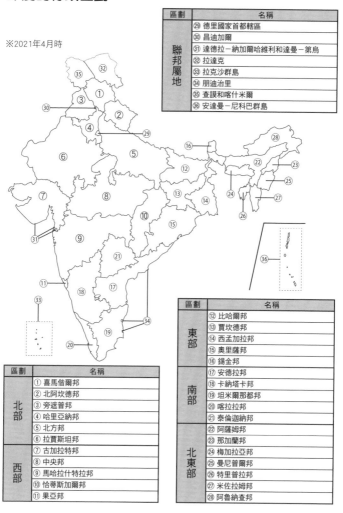

次大陸。西北部有印度河、東北部有恆河流過，兩條河的流域中心構成一片銜接東西的印度河—恆河平原。西部覆蓋著塔爾沙漠，東部有孟加拉三角洲，中央則遍布德干高原。

雖然有大片陸地接壤，但是印度次大陸有險峻的山脈和海洋與世隔絕，要從外面進入並非易事。不過，自古以來仍有許多民族陸續來到印度次大陸，和當地各種原住民族往來生活，於是才形成現在所見的獨特文化。

在開始閱讀這本書以前，你需要先知道一件事。歷史上所謂的「印度」，除了我們所知的印度這個國家以外，也包含了鄰國的巴基斯坦和孟加拉，有些時代甚至還跨及阿富汗與緬甸的部分地區。只要繼續讀下去，就能了解其中原由。

或許很多人對印度的地理氣候只有「酷熱」的印象，但這個印象也不盡然。根據聯合國的世界地理區劃，印度的確是歸類在「南亞」，首都德里的緯度差不多相

印度次大陸的主要地形

地形	規模	地形	規模
興都庫什山脈	標高7000m級	印度河	全長約2900km
蘇萊曼山脈	平均標高約2000m	喜馬拉雅山脈	標高8000m級
		喀喇崑崙山脈	標高7000m級

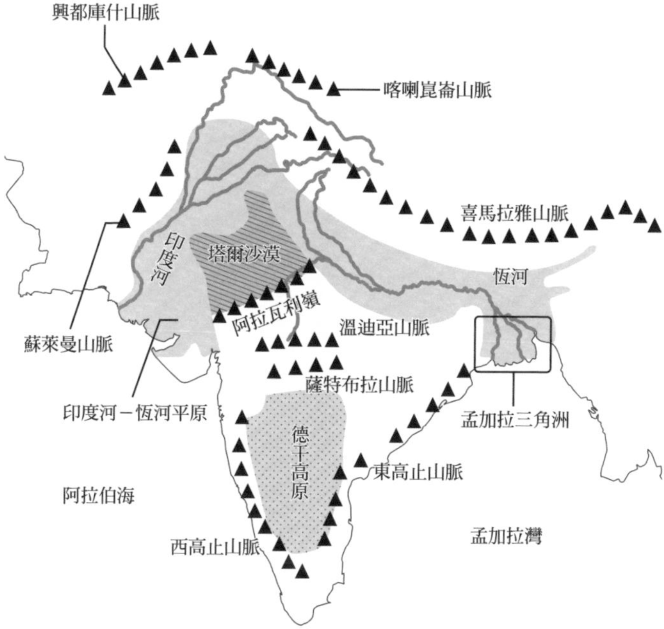

地形	規模	地形	規模
恆河	全長約2500km	薩特布拉山脈	平均標高約600m～750m
阿拉瓦利嶺	平均標高約300m～600m	東高止山脈	平均標高約600m
溫迪亞山脈	平均標高約900m	西高止山脈	平均標高約1200m

當於日本的奄美群島（鹿兒島縣）。但是在歷史上，印度大致劃分為北印度、東印度、西印度、南印度這四大區域，各個區域的風土民情都不同。位於北印度的德里還出現過一月氣溫只有個位數的紀錄，更北部的喜馬拉雅山脈一帶當然還會降雪。這麼說來，一年最低平均氣溫在攝氏二十度以上的城市，都位於南印度。各位只要想像一下東西約三一〇〇公里、南北約二八〇〇公里的日本領土，剛好可以疊進印度的國土範圍，應該就能夠理解這種地區性的差異了。

印度孕育出多樣化的風土，至今還能看到古代流傳下來的神祕情景，同時又能達成顯著的文明發展。這個國家蘊藏了如此令人驚異的力量，我們就來追溯它的歷史逐一解開其中的奧祕吧。

chapter 1

在兩條大河的流域

南亞人類的黎明

印度的歷史，通常都會從世界四大文明之一的「印度河流域文明」開始介紹。然而實際上早在更久遠以前，就已經有人類生活並居住在這塊地域上，各地都可以發現這些活動痕跡。

根據考古研究，推測早在距今約五十～三十五萬年前，人類的始祖便開始定居於南亞地區。當時的人類，過著以狩獵和採集為主的生活型態；而在印度河的支流索安河流域，以及南印度等地區分布的史前遺跡，也都曾出土發現舊石器時代遺留下來的打製石器。

之後，在舊石器時代過度到新石器時代的中石器時代，開始盛行製作打製細石器。出土這種石器的代表遺蹟，是位於印度中部的「比莫貝特卡石窟」。這片石窟居住區的岩壁上，生動描繪著當時的人狩獵牛、象和鹿等動物的情景，屬於史前藝術，已登錄為世界文化遺產。

後來，人們的生活有了大幅轉變，開始栽種穀物、製造磨製石器和土器、飼養家畜、建造房屋定居。這段新石器時代大約始於西元前七千年或西元前六千年左右。位於現今巴基斯坦西部丘陵地區的「梅赫爾格爾遺蹟」，已判定是南亞最早的農耕聚落。此外，新石器時代的史前人類，其後代的貢德人和桑塔人現在則是主要生活在印度的山林地帶。

在石器之後，接著進入了開始使用金屬的銅石併用時代。在梅赫爾格爾遺蹟的後期岩層當中，曾有青銅器和土偶、印章、用顏料彩繪的彩陶出土，這些推測都是傳承自印度河流域文明。

梅赫爾格爾聚落在西元前二五〇〇年左右遭到棄置，隨後突然出現高度發展的印度河流域文明，所以史學家認為很可能是梅赫爾格爾的居民遷徙後，成為印度河流域文明的推手。

衛生整潔的都市

西元前二六〇〇年左右，以流經現在巴基斯坦的印度河流域為中心，發展出高度文明。這就是與埃及文明、美索不達米亞文明、中國文明齊名的「印度河流域文明」。

印度河起源於喜馬拉雅山脈中部，從現在的印度西北部流經巴基斯坦，最後注入阿拉伯海，是一條全長約有二九〇〇公里的大河。印度河會因季風氣候（週期性的風帶來季節性的降

雨）而氾濫，洪水沖積出含有豐富養分的土壤，因此這一帶遍布著肥沃的平原，作物都能順利生長。

目前已知的約二六〇〇座印度河流域文明遺蹟當中，最具代表性的就是位於巴基斯坦南部的「摩亨約達羅」（或譯為摩亨朱達羅），以及位於東北部的「哈拉帕」城市遺蹟。

印度河文明的主要城市

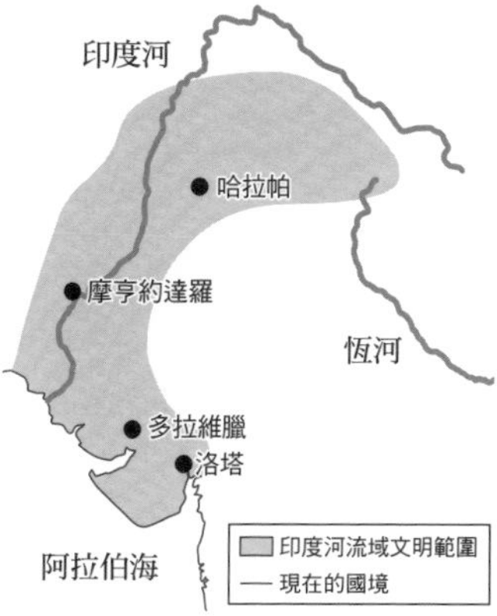

摩亨約達羅在當地的語言意指「死亡之丘」。一九二二年，印度考古學家在其他遺蹟的挖掘作業中找到刻有文字的印章，因而發現了這座遺蹟。

在進一步發掘後，推測摩亨約達羅可能是印度河流域文明中規模最大的城市，排除遭到洪水破壞的部分，呈邊長約一・六公里的四方形，特色是用大量日曬和燒製的磚瓦堆砌劃分區域的整齊街道。城市裡除了有浴場和水井以外，還發現許多排水溝、疑似水洗式馬桶的設施遺跡，所以又稱作「衛生的城市」。這裡在一九八〇年登錄成為世界文化遺產。

哈拉帕遺蹟是在印度河上游，距離摩亨約達羅約六五〇公里、位於現在巴基斯坦中北部旁遮普省的城市遺蹟，推測當時有大約八萬人居住在此地。英國人在十九世紀發現這座遺蹟，但是起初並不了解這裡的歷史重要性，於是讓鐵路公司帶走了大量磚瓦和用於鋪設鐵路的碎石。現在行駛於巴基斯坦城市喀拉蚩和拉合爾之間的列車，就奔馳在這裡的磚瓦之上。

這些城市都使用了相同規格的磚瓦，所以學者推測當時可能有個強大的掌權者。不過目前尚未發現可以證明其存在的巨大宮殿或神殿遺址，因此也有人持不同的觀點。

最早發掘的摩亨約達羅和哈拉帕，都是印度河流域文明的中心。不過在之後的調查中，現在印度西部的「洛塔」和「多拉維臘」等印度河流域以外的地方，也陸續發現了遺蹟。其文明範圍東西橫跨約一五〇〇公里、南北縱貫一一〇〇公里，規模遠遠凌駕於其他古代文明。

自古以來的沐浴習慣

了解文明發展的其中一個重要線索，就是文字。印度河流域文明也和其他古文明一樣有文字，遺蹟發現的印章和護身符上，都刻著象形的「印度河文字」。然而，當地雖然發現了約四百種文字，但是其中絕大多數都是短文，並沒有可對照其他語言的出土遺物，因此至今仍無法解讀。

不過近年來，透過電腦的文字排列解析，發現印度河文字具備了達羅毗荼語系的特徵。通曉達羅毗荼語系的民族（達羅毗荼人），現在大多居住在印度南部。他們的祖先推測是在約西元前三五〇〇年來自西方，之後又往南遷徙。

當時的達羅毗荼人生活方式，只能透過遺蹟和遺物來推測。現在這片地區極為乾燥，可是在遠古時期卻是綠意盎然，可以輕易栽種穀物和水果。遺蹟裡也出土了小麥、大麥、芝麻、豌豆、椰棗的核種等等，推測當時的人在牛、豬和駱駝以外，還飼養了狗、貓和大象。他們會栽種棉花、將絲線紡織成布，也會用陶輪製作彩陶。遺蹟裡沒有展現強大權力的宮殿，但平民的住宅都很漂亮，可見當時應該沒有身分階級之分。另外也幾乎沒有發現武器，看來當時的人比較少發生爭鬥。

有趣的是，印度河流域文明的人們養成的習慣當中，有一部分由現代的印度人傳承下來。例如印度教徒會先在蓄水池或河中沐浴，再前往寺院參拜，而摩亨約達羅就有類似大浴場的磚造遺構，證明當時的人早已有沐浴的習慣。

此外，現代印度信仰的神祇濕婆（Shiva）被視為瑜伽的創始者，但在摩亨約達羅出土的印章上，刻著野生動物圍繞在做瑜伽的人身邊的圖案。因此，人們普遍相信瑜伽起源於印度河文明。

除此之外，印度河文明還有崇拜牛、樹木、地母神（豐收女神）、生殖器的形跡。印度教徒認為牛是神聖的生物、崇拜濕婆的林伽（Lingam，男性生殖器）等等，這些都是現代印度教傳承下來的習俗。

文明衰亡是出於自然，還是人為？

印度河流域文明的人們與其他古文明積極交流，並受到影響。這其中最主要的原因是貿易。從遺蹟發掘出來的文物可以得知，當時的人會佩戴點綴了金銀、琉璃、水晶的美麗首飾。這些都不是生產自印度河流域，推測是從現在的伊朗、阿富汗、南印度等地傳來的物品。

其中，他們與美索不達米亞的貿易特別頻繁，主要輸出棉織品、象牙工藝品、首飾等物品。據推測商人應該是依循陸路前往印度河口，搭船航向波斯灣的港口，與來到這裡的西亞商人進行交易。證據就在於美索不達米亞和印度河文明的遺址裡，都分別出土彼此地域的印章；而位在阿拉伯海沿岸的古城洛塔，也發現了類似港口設施的遺構。

印度河文明各大城市利用農耕來確保糧食、透過交易累積財富，生活十分和平，但卻在西元前二〇〇〇年左右開始式微，並在西元前約一七〇〇年幾乎消滅。

原因可能出在西元前一五〇〇年左右，雅利安人進入印度次大陸。但是根據考古學的研究，印度河流域文明滅亡的時間，比雅利安人到來要早了約兩百年，現在歷史學界已經推翻原本的說法。其他說法包含土地乾燥、鹽害、大洪水等自然因素，以及森林採伐、貿易衰退等經濟因素，目前尚無定論。

話說回來，印度河文明的遺蹟大多位於現在關係緊繃的印度和巴基斯坦邊界地帶，目前發現的約二六〇〇座遺蹟中，已進行發掘調查的僅僅只有約一百五十座。包含語言的解讀在內，今後的發掘調查和研究成果仍深受期盼。

雅利安人來了

印度河文明衰微後的印度，發生了劇烈的變化。那就是隸屬印歐語系民族的雅利安人到來。

印歐語系民族大約從西元前二〇〇〇年左右，離開了原本遊牧生活的草原，向周邊地區展開大遷徙。根據最有力的說法，他們起初居住的地方是在俄羅斯南部高加索山脈的北方地帶；而他們展開遷徙的理由有氣候寒化、人口增加、乾旱等諸多說法，確切的原因不明。

這場大遷徙對世界廣大地區造成很大的影響。部分雅利安人往西抵達歐洲，成為後來的凱爾特人、日耳曼人、希臘人、斯拉夫人，另一群人則前往現在的土耳其。還有一群人往東移動，一部分成了波斯人，另一部分則前往印度。

前往印度的一支在西元前約一五〇〇年，穿行位於現在阿富汗與巴基斯坦國境的

雅利安人進入印度的路線

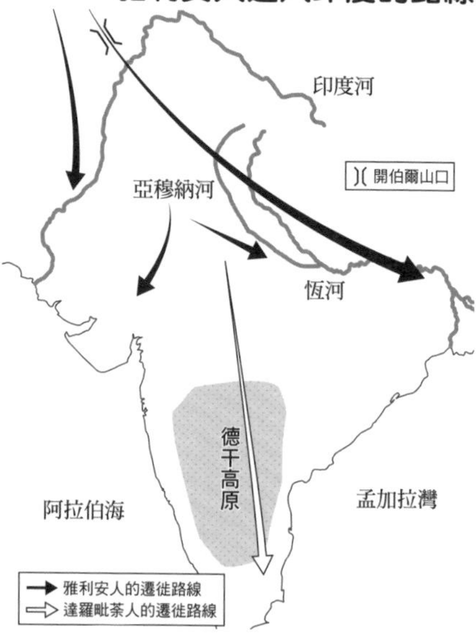

開伯爾山口，進入印度河上游流域的旁遮普地區。他們的特徵是身材高大、膚色白皙、鼻梁高挺。他們自稱為意指「高貴人士」的「雅利安」，以便和原住民區別。

來到印度的雅利安人遭到原住民強烈排斥。但是，雅利安人有卓越的金屬鑄造技術、駕駛馬拉的雙輪戰車，驍勇善戰。他們逐漸擊垮了原住民，拓展統治領域。雅利安人將原住民稱作意為「惡魔」、「野蠻人」的「達薩」，將他們形容成「黑皮人」、「有公牛嘴唇的人」、「無鼻」等等。據說達薩就是現在大多住在南印度的達羅毗荼人的祖先，但也有很多人持反對意見。

雅利安人獲得這片土地後，開始向原住民學習農耕技術，飼養牛馬並栽種大麥，過著半定居的生活。他們是貧富和身分差異較少的部落社會，首領的權力並沒有那麼大；但另一方面，他們將征服的原住民視為奴隸，因此達薩便逐漸引申成「奴隸」的意思。

雅利安人的到來，與我們所知的「印度」這個詞的成立有密切的關聯。雅利安人進入印度河流域時，這一帶稱作「Sindhu」。這個名稱傳到西方的波斯（伊朗）就變音成了「Hindu」，再傳到希臘又變音成了「Indos」。從Indos這個西洋的稱呼，衍生出了「印度」（India）一詞，後來才採用作為國名。除此之外，印度河（Indus River）、印地語（Hindi）、印度尼西亞（Indonesia，意指印度各島）、印第安（Indian，印度人）這些詞，也都是從Sindhu衍生而來。

Sindhu一詞傳到東方的中國，在漢朝的文獻記載裡寫作「身毒」，後來的王朝將身毒音變稱為「天竺」和「印度」。這個稱呼也傳到了日本，一直使用到近代。

到目前為止介紹的，終歸只是印度表面上的名稱。那印度人究竟如何稱呼自己生活的土地呢？這又與雅利安人息息相關。

雅利安人當中有個勢力強大的部落，叫作婆羅多族。印度人引用了婆羅多族或傳說中的國王婆羅多，將自己生活的地方稱為「婆羅多婆沙」（婆羅多之地），從此便稱作「婆羅多」；到了近代印地語成立以後，又開始稱作「Bharat」。因此，在印度這個國名之外，一九四九年也將「婆羅多」定為正式的國名。

自然崇拜成為信仰

雅利安人長久以來，都用口頭傳頌獻給眾神的讚歌，後來才開始用文字書寫記錄，以這種形式彙整成印度最古老的文獻《梨俱吠陀》，總共收錄一〇二八首讚歌。梨俱意指「讚歌」，吠陀則是「神聖知識」的意思。我們現在之所以能夠了解來到印度的雅利安人的動向，就是因為有《梨俱吠陀》的傳承，而從西元前一五〇〇年到《梨俱吠陀》成書的西元前一〇〇〇年左右，就稱作「早期吠陀時代」。

那麼，雅利安人究竟信仰什麼神呢？他們的信仰對象是各種自然現象神格化後的神。《梨俱吠陀》中最重要的是雷神和軍神「因陀羅」（Indra），其次是火神「阿耆尼」（Agni），許多讚歌都是獻給這兩尊神。除此之外，他們還信仰天空神「伐樓拿」（Varuna）、太陽神「蘇利耶」（Surya）、風暴神「樓陀羅」（Rudra）等神祇。眾神都擁有近似人類的姿態，搭著神專用的乘具在天空中飛翔。而且，和樓陀羅一體的濕婆會騎著乳白色的公牛，所以牛才會被視為神聖的生物。

人們會生火、獻上讚歌和祭品給眾神，祈求獲得神的恩惠。準備的祭品包含名為蘇摩的神酒、獸肉、穀物、奶油和優格等。人們相信火焰能夠將祭品帶上天，因而也特別尊崇火的神聖性。

雅利安人的宗教觀後來也融入佛教、傳到了日本。例如因陀羅就是佛教的守護神「帝釋天」，水神「辯才天女」（Saraswati）就是掌管音樂和口才的「弁才天」。用神聖火焰焚燒祭品的儀式「護摩」不僅由印度教傳承下去，也成為佛教的密宗教派真言宗和天台宗的護摩法。火葬最早也是雅利安人的風俗習慣。

前進恆河流域

住在旁遮普地區的雅利安人，從西元前一〇〇〇年左右開始遷徙到新的土地。他們往東前進，占領了恆河中游和其最大支流亞穆納河之間的平原，統治了原本定居在那裡的達羅毗荼人。

恆河是從印度北部流向東部、全長約二五〇〇公里的大河。流域面積約一七〇萬平方公里，和面積約三十八萬平方公里的日本國土一比，就能了解有多寬廣。恆河的英文Ganges就是「河川」的意思，印度人稱之為「Gangā」。印度教徒將這條河神格化，視為名叫甘加的女神加以崇拜。

雅利安人從原住民那裡學到栽種稻作的方法，原本以畜牧為主的生活變成了以農業為主。他們過去使用比銅和青銅要更加銳利的鐵製器具，大大幫助了農業的發展和森林開墾。他們發明了新的農耕方法，讓牛牽引有鐵製刀刃的犁來耕作，使得恆河流域成為當時印度物產最豐饒的地區。

食物的種類變得豐富，生活變得寬裕以後，他們便逐漸形成了軍人和祭司等社會階級，由擁有強大權力的君主統治眾人。雅利安人當中的部落俱盧族和般遮羅族，在恆河和亞穆納河流域建立了國家，在鬥爭中不斷分裂又統一。

在大約西元前一〇〇〇年到西元前六〇〇年的時代，編纂了收錄祭祀用歌詞和旋律的《娑摩吠陀》、收錄祭祀中歌頌韻文的《夜柔吠陀》和咒語集《阿闥婆吠陀》這三本經典，因此這個時代就稱作「晚期吠陀時代」。其中的《阿闥婆吠陀》，記載了與頭髮相關的願望、詛咒情敵、疾病康復等可以解決當時人們煩惱和實現願望的咒語，是了解當時人們生活的珍貴文獻。

種姓制度的開端

雅利安人過著以農業為主的生活，印度的氣候為他們帶來豐收，但有時也會遭遇乾旱與洪水的威脅。因此，人們對自然的願望愈來愈大，開始重視祭神的儀式（祭祀）。而主持祭祀的人，其社會地位會愈來愈高，最後掌握大權。獲得地位的祭司階級稱作「婆羅門」（Brahmin）。婆羅門這個稱呼，是源自輔助研究吠陀的文獻《梵書》在漢字圈的說法。

婆羅門奉吠陀為經典，制定各種規矩與更複雜的祭祀儀式，藉此確立自身的特殊地位。他們還規定婆羅門不得與其他階級結婚，壟斷祭祀的職務，主張自己是幻化成人類的神。以這些婆羅門為中心的宗教，就稱作「婆羅門教」。

而與婆羅門教關係十分密切的，就是「瓦爾那（種姓）」制度。瓦爾那（Varna）的原意是「顏色」，這是在雅利安人和原住民混血的過程中，為了區分不同膚色的人而衍生的概念。瓦爾那以婆羅門為頂點，加上「剎帝利」、「吠舍」、「首陀羅」，總共分成四個階級。瓦爾那後來又依職能區分身分，產生「迦提」（意指出身和家世）的群體意識，逐漸細分下去。現在的印度，也依然繼續使用瓦爾那和迦提這些詞彙。

多年後，葡萄牙人將瓦爾那和迦提稱作意指「血統」的「casta」，因此以歐美為主的海外各國便將種姓制度稱作「caste」。

剎帝利（Kshatriya）是王室、軍事貴族階級，是地位僅次於婆羅門的統治階層。剎

瓦爾那（種姓）

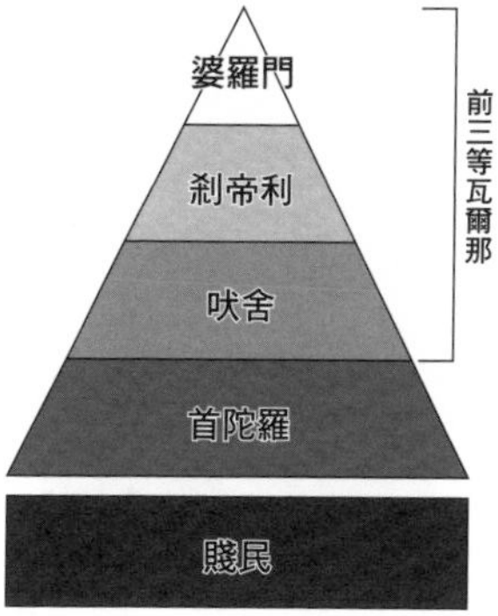

帝利的意思就是「有權力（Kshatra）的人」，從事並主掌政治和軍事事務。吠舍（Vaishya）是平民階級，這個稱呼源自於意指「部落成員」的「viś」。他們從事農業和畜牧，後來也涉足商業，需要納稅給婆羅門和剎帝利。婆羅門、剎帝利、吠舍這三個瓦爾那都有較純正的雅利安人血統，所以有資格參加祭祀。

剩下的首陀羅（Shudra），是瓦爾那最下層的階級。他們是被雅利安人征服的原住民，有義務侍奉前三等瓦爾那，從事勞動和家事雜務。後來隨著時代的演進，農耕和畜牧也成了首陀羅的工作。首陀羅在各方面都遭到歧視，沒有資格參加祭祀。

在晚期吠陀時代的末期，開始出現被排除在瓦爾那制度之外的族群記述。原本在農耕聚落附近過著狩獵採集生活的部落人民「旃陀羅」（Chandala），受到非常嚴重的歧視，到了大約四～七世紀，上層人士才用古印度的共通語言梵語為他們建立了「Asprishya」的身分概念，意思就是「穢不可觸者」。他們負責處理動物的屍體和清掃等工作，一旦看見或觸摸他們就會遭到玷污。這些人長久以來都是以印地語的「achūt」、英語的「untouchable」、「outcastes」來稱呼。直到一九五〇年，印度憲法廢除種姓制度後，將他們視為需要特殊保障的「特定種姓」。現在他們自稱為意指「遭受打壓者」的「達利特」（Dalit），持續發起消除歧視的運動。

印度哲學的起源

在晚期吠陀時代，輿論開始批評婆羅門鎮日只管祭祀。於是，婆羅門和剎帝利中出現一群期望透過思考來探索真理的人，編著了屬於吠陀文獻之一的《奧義書》（Upanishads）。Upanishads的直譯是「近坐」，意思是師長祕密傳授給弟子的教義。這股新思想就稱作「奧義書的哲學」，是印度哲學的起源。

在西元前約五〇〇年以前，編纂出了許多奧義書。其中最重要的思想，是闡述宇宙根本原理的「梵」（Brahman）等於人類本質「我」（Ātman）的「梵我一如」

思想。

這個時期，人們相信有「輪迴」（Saṃsāra），人類靈魂不滅、死後會轉世重生。來世會轉生成什麼，則是取決於生前所做所為累積的「業力」（Karma），不停行善者會轉生成婆羅門或剎帝利，作惡多端者則會轉生成首陀羅或動物。只要能夠領悟梵我一如的真理，就能夠脫離輪迴（解脫）。

從此以後，各個宗教家和思想家都視超脫輪迴為最高的境界，從中孕育出佛教和耆那教。

十六國並立爭霸

隨著時代演進，恆河中、下游流域的雅利安人引水灌溉農田，並且不播種，而是改成植苗的方式栽種稻米，因此提高了農業生產力。生活變得富足後，工商業就會隨之發達。因此人口增加的聚落，逐漸轉型成為有城牆圍繞的城邦。

約西元前六世紀到西元前五世紀，北印度到德干北部出現了有力的城邦「十六大國」，各城邦之間開始爭奪霸權。以往的部落社會基本上都是仰賴血緣關係組成，但城邦卻是有國王發號施令，統率眾人，不根據血緣而是講求個人能力，召集有才能者輔佐國王施政。

這些城邦當中，「拘薩羅國」和「摩揭陀國」是當時印度的政治經濟中心。拘薩羅國是恆河流域的城邦當中勢力最大的國家，陸續征服了迦尸國和釋

十六大國（約西元前600年）

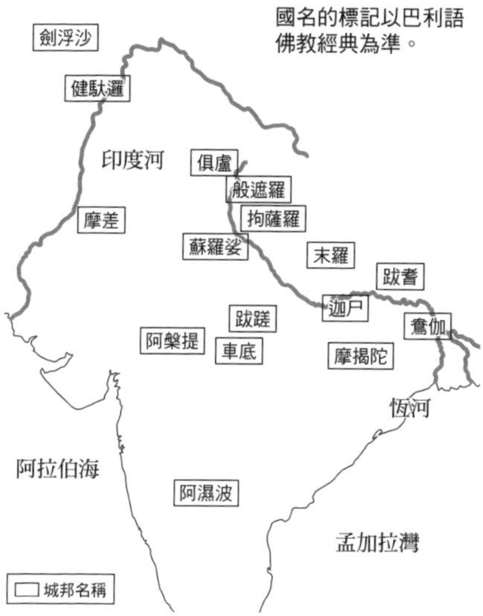

迦族的國家，擴展統治領域。以恆河河畔的瓦拉納西為首都的迦尸國，是紡織業盛行的工商業中心地帶，也是婆羅門聚集的宗教據點。拘薩羅國獲得如此富足的迦尸國領地，勢力因此迅速擴張。順便一提，後來瓦拉納西成為重要的聖地，至今仍是有許多巡禮者會造訪沐浴的地方。

摩揭陀國擁有豐富的鐵礦資源，還有運用戰車和投石機等新兵器的軍事力量，在國王頻毘娑羅（Bimbisara）的統治下變得非常強盛。之後，殺害頻毘娑羅、繼承王位的兒子阿闍世王（Ajatashatru）併吞了拘薩羅國。在大約西元前四世紀的「難陀王朝」時代，幾乎成功統一了恆河流域。

在這個時代，家財萬貫者得以掌握權力，有錢人才能立於上位的新價值觀逐漸普及。於是，勢力變強的剎帝利和吠舍開始追求新的信仰。這時出現的思想家，都受到反對階級制度和婆羅門祭祀的人民支持。思想家門下聚集了許多學生和信徒，後來創立了「佛教」和「耆那教」。

宣揚慈悲為懷的佛教

佛教是起源於古印度、流傳到各地，以商人為中心獲得廣泛支持的宗教。它曾一度幾近滅絕，但後來廣傳至亞洲各地備受信仰，最終與基督教、伊斯蘭教並列為世界三大宗教。

佛教創始人喬達摩・悉達多（Siddhartha Gautama），是位在喜馬拉雅山麓的釋迦國的王子。他的出生年分可能是在西元前五六三年，或是西元前四六三年。釋迦族是自古以來就在這片土地從事農耕的部落，他們後來建立的國家並未列入十六大國。喬達摩出生當時，釋迦是拘薩羅的屬國。

喬達摩在青年時期以前都過著十分富裕自在的生活，但是他會深入思考生老病死的人生問題，經常陷入沉思。父親為了挽留志在修行的兒子，便安排他娶妻，然而喬達摩依然拋家棄子離開城市。喬達摩起初拜訪了多位思想家，卻並不滿足於自己所學到的教義，於是遁入山林刻苦修行六年。相傳他的苦行太過嚴苛，導致身體變得枯瘦衰弱，膚色灰如槁木。

喬達摩發現不飲不食的苦行並不能悟得真理，他喝下村裡的牧羊女蘇嘉塔供養的一碗乳糜，最終在菩提樹下悟道。此後，人們便用梵語意指「覺悟者」的「佛陀」（Buddha）或釋迦牟尼來尊稱喬達摩。直到他在八十歲圓寂（入滅）以前，都是以摩揭陀國和拘薩羅國的首都為據點，在恆河流域過著修行和傳教的生活。

佛陀認為生即是苦，人之所以會痛苦，是因為沒有察覺所有存在的流變（諸行無常），依然有所執著的緣故。人必須明白這個真理，透過正確的認知與實踐來擺脫輪迴轉世，他為了幫助人們達到這個目標，不斷強調道德的生存方式與慈悲，這些教誨便在城市居民間傳播開來。

佛陀的教誨雖然是口耳相傳，不過在他去世後不久，五百名弟子便集結在一起，為他編纂成書。這就是最早的結集佛經，目的是整理統一佛陀的教義，以便流傳後世。

佛陀的出生地，也就是現在的尼泊爾藍毗尼，以及印度比哈爾邦的菩提伽耶的大菩提寺，都已列入世界文化遺產。再加上佛陀最早開始說法的鹿野苑、入滅之地拘尸那揭羅（拘尸那羅），四地並列為佛教四大聖地。

而佛陀在王子時代居住的迦毘羅衛城，正確的地點仍不得而知，僅有學者主張位於尼泊爾的提羅拉科特，或印度的比普羅瓦。一八九八年，在比普羅瓦發現了納有佛陀遺骨（佛舍利）的陶壺，因此這裡是迦毘羅衛城遺址的可能性較高。佛舍利後來捐給了泰國，日本也存有一部分。日本唯一的佛舍利，就供奉在愛知縣名古屋市的覺王山日泰寺的佛塔內。

注重苦修的耆那教

耆那教和佛教幾乎創立於同一時期。耆那教否定瓦爾那的身分制度，在許多方面都與佛教十分相似。可是，相較於流傳至世界各地的佛教，耆那教的信眾卻幾乎只侷限在印度之內。

創始人筏馱摩那（Vardhamana）出生於剎帝利的家庭。有人認為他的生存年代在西元前五四九～西元前四七七年，但關於生卒年仍有諸多說法。他年紀輕輕就結了婚，還生下女兒，卻在三十歲時加入重視苦修的教團，經歷刻苦的修行後成功悟道。由於他戰勝迷惘、達到覺悟，所以被尊稱為「耆那」（Jina，勝者）或「摩訶毘羅」（Mahavira，偉大英雄）。耆那教就是「耆那的教誨」之意。

摩訶毘羅在往後的三十年間，於北印度一帶積極布道和修行。他和佛陀一樣認為生即是苦，若要擺脫輪迴轉世，達到永恆的幸福，就必須遠離塵世苦修以求淨化靈魂。摩訶毘羅定下修行的五大戒律，依序為不殺生、不妄語、不偷竊、不邪淫、不執著，要求所有信徒遵守。其中最重要的戒律是不殺生，不過若是出於苦修目的而自殺，卻是被允許的。此外，教規也禁止執著於一切有形事物，因此弟子全都不著任何衣物，赤裸度日。

摩訶毘羅在七十二歲與世長辭後，耆那教流傳至印度各地。後來，教團內期望鬆綁嚴格教義的一派，與堅持嚴守教義的一派發生矛盾，雙方在大約西元一世紀時分裂成白衣派和裸形派（天衣派）。從此以後，耆那教就是以這兩個派系為主。

耆那教徒需貫徹素食主義，大多數信徒都放棄可能需要殺生的農業和畜牧業，前往都市經商。由於教義規定不可撒謊，所以他們很容易博取信任，很多信徒都是富裕的商人。現在的印度總人口當中，耆那教信徒的比例大約只占了〇・四％，但在經濟上卻擁有龐大的影響力。

南印度的巨石文明

雅利安人進入印度後落腳的地方，是位於北印度的印度河—恆河平原。在同一時期，包含德干高原在內，南印度又是什麼樣的情景呢？南印度自古以來也有許多人類居住，分別建立起各自的文化。考古證據是零星發現的陵墓遺址，這些陵墓是以巨大岩石砌成，建成時間大約落在西元前一四〇〇年到西元元年前後。這種巨石建築並沒有出現在北印度，也無從得知是由什麼樣的人所建。許多遺蹟都出土鐵製的鎧甲等馬具，因此也有學者認為巨石文化的推手可能是仰賴馬匹遷徙而居的「騎馬民族」。

前面提到雅利安人抵達印度西北部時，當地已經住著達羅毗荼人。部分達羅毗荼人和雅利安人混血後，得以併入他們的身分制度，但以外的人則是遭到雅利安人排擠，因此移居到德干和更南邊的地區。「德干」（Deccan）一名，就是從梵語中意指「南邊」的「dakṣiṇa」演變而來，以此稱呼這片比遍布叢林、未開發的德干高原更南方的地區，可見雅利安人的鄙視之意。

遷居印度次大陸南端的達羅毗荼人，後來在該地陸續創立了多個王朝。

瓦爾那的權利和義務

西元前六世紀左右，恆河的中下游流域歷經大幅度的社會轉變。在婆羅門文化中心的印度西北部，當地的婆羅門抗拒這股轉變的風潮，為了更加鞏固這個奠基於瓦爾那身分制度的社會，他們重新編纂了婆羅門教的教義，於是寫成《法經》（*Dharma-sutra*）。

這部經典記載了各個瓦爾那擁有的權利和義務，以及生活的規範，同時也規定了前三個階級的瓦爾那男性畢生應當經歷的階段。這些階段分別是追隨師長學習吠陀的梵行期（Brahmacharya），繼承家業並結婚、以一家之主的身分經營生活的家住期（Gṛhastha），家業傳承給兒子後隱居森林刻苦修行的林棲期（Vānaprastha），最後是離開森林四處雲遊、托缽行乞的棄絕期（Sannyasa），又稱作「四住期」。

《法經》從西元前二世紀彙整到西元二世紀，以《摩奴法論》集為大成。「摩奴」

（Manu）是印度神話裡的人物，他建造大船躲過大洪水，成為人類的祖先。

《摩奴法論》將各個瓦爾那的生活規範制定得更加詳細，表現出婆羅門式的價值觀，而這個思想也融入後來才創立的印度教。

大帝從西方來襲

西元前六世紀，波斯阿契美尼德王朝國王居魯士二世（Cyrus II of Persia）統一了古代近東。

大約在西元前五一八年，阿契美尼德王朝全盛時期的國王大流士一世（Darius I）進攻印度，征服了包含十六大國之一的犍陀羅國（位於現在巴基斯坦北部、阿富汗與巴基斯坦國境一帶）以南的印度河中、下游流域，設置行省。希臘史學家希羅多德（Herodotus）提到，印度河流域的居民每年都會將大量砂金獻給波斯國王。西元前四八〇年大流士一世之子薛西斯一世（Xerxes I）進攻希臘時，犍陀羅人和印度人部隊也加入了軍隊。

犍陀羅國的首都呾叉始羅（塔克西拉），在當時是連結印度和西方的重要地點，因為貿易而繁榮發展，也是十分熱鬧的學術中心地。

繼阿契美尼德王朝之後來到印度的，是馬其頓王國的亞歷山大三世（Alexander III），也就是亞歷山大大帝。他在西元前三三四年開始遠征東方，擊敗了大流士三世（Darius III）、消滅阿契美尼德王朝，然後繼續東進、翻越開伯爾山口，在西元前三二六年抵達印度西北部，即現在的旁遮普地區。

當時，那一帶的小國之間會發生鬥爭，並沒有一致對抗入侵者。亞歷山大大帝便與塔克西拉的統治者結盟，打敗操控大象部隊的保拉瓦人（波羅斯）後，繼續前進東邊的摩揭陀國。然而，在馬其頓軍隊抵達印度河東部支流時，眾部下卻拒絕再進軍。他們遠離家鄉已有八年，接二連三的戰鬥和不熟悉的風土環境令士兵身心俱疲。而且，謠傳前方有大軍嚴陣以待，讓他們心生畏懼。於是亞歷山大大帝放棄東進，返鄉後因病臥床，就此結束了一生。

亞歷山大大帝征服印度西北部僅僅兩年，影響力並未擴及印度其他地區。但是他的來襲不僅促成印度統一成為一個國家，也為印度帶來巨大的變革。以亞歷山大大帝侵略印度的這一年為基準，開始就有記錄正確的歷史年代的資料了。順便補充，希臘人遠征東方所留下的紀錄，也是現今研究印度史的珍貴史料。

從埃及到印度西北部的王國，是在亞歷山大大帝死後，由參加東方遠征的部下瓜分統治。其中一名部下塞琉古（Seleucus），幾乎繼承了阿契美尼德王朝的所有舊領土，在西元前三一二年建立了敘利亞塞琉古帝國。

以佛教教義治國

亞歷山大大帝進攻印度西北部時，東邊恆河流域的摩揭陀國難陀王朝勢力大幅延伸，首度成功統一了流域一帶。但難陀王朝並沒有延續太久，在西元前三一七年就被「孔雀王朝」取代。

相傳孔雀王朝的開國君主旃陀羅笈多（Chandragupta），原本是難陀王朝的軍事司令官，出身卑微，但此事無從考證。旃陀羅笈多建立中央集權的統治體制、鞏固權力後，將印度河流域也納入統治範圍，達成印度史上首度的北印度統一。他驅逐在亞歷山大大帝離開後仍留在西北部的希臘人勢力，並且進軍德干高原，將該地納為領土。

大約在西元前三〇五年左右，旃陀羅笈多擊敗為了奪回舊領土而攻來的塞琉古一世，用五百頭大象交換了現在阿富汗東部的土地。

旃陀羅笈多在晚年將王位傳給兒子賓頭娑羅（Bindusara），皈依耆那教並成為行者來到南印度苦修，依照耆那教的理想絕食而死。

孔雀王朝的疆域

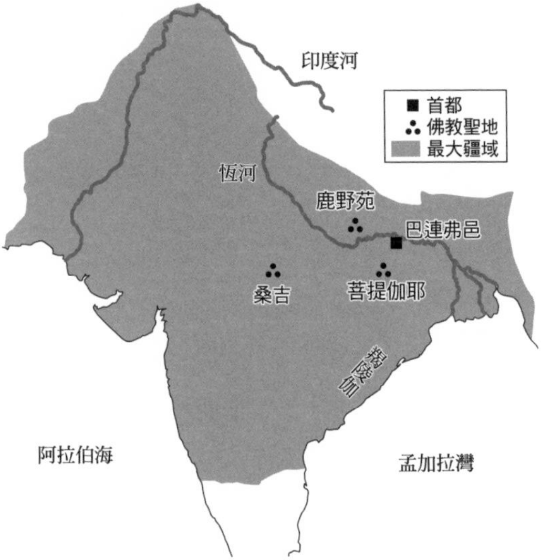

孔雀王朝的全盛時期，就在第三代國王阿育王（Ashoka）的時代。阿育王是賓頭娑羅之子，他殺死同父異母的哥哥、在西元前二六八年繼任王位。他在即位第九年征服了羯陵伽國，除了最南端以外，首度統一了印度次大陸絕大多數的地區。由於疆域遼闊，所以孔雀王朝又名為「孔雀帝國」。

成為強大國家君主的阿育王，突然一改過去好戰的態度。原因就出在他和羯陵伽國的戰爭。傳說他在作戰之際，率軍殺死了羯陵伽國數十萬居民。阿育王對此深感懊悔，從此便更加虔誠篤信佛教。他為了實現達摩，下定決心全力治國。達摩一詞意指「人類應守的基本義務」，並不是特定宗教的教義，不過因為阿育王是佛教徒，所以他的政策也強烈反映出佛教式的非暴力和博愛思想。他無時無刻都會聲明自己治國是以民為本，致力於公平的審判與從輕量刑。他禁止人民無益的殺生，建設人類與動物的醫院，還實施在路上栽植行道樹、挖鑿水井、設置休息處等各種政策。此外，阿育王也開始以友善的態度對待周邊各國，以免引發戰爭。

在阿育王的庇護下，佛教日漸茁壯。他下令在首都

當時的日本

西元前三世紀的日本正處於彌生時代。在這個時期，大陸傳來的稻作已普及至日本全國。福岡縣的板村遺蹟、佐賀縣的菜畑遺蹟、靜岡縣的登呂遺蹟都曾經發現栽種稻米的痕跡。

巴連弗邑（現在的巴特那）結集佛教經典，並派遣傳教者朝往各地布教。相傳此時王子就遠渡錫蘭島（現在的斯里蘭卡），傳播佛教教義。阿育王從埋葬佛陀的卒塔婆（佛塔）中取出佛陀的遺骨，並在全國各地建造卒塔婆廣為供奉。現在位於印度中部的村莊桑吉，就矗立著一座由阿育王打下根基並在後世擴建的卒塔婆，至今仍幾乎保留原貌。

阿育王為了也讓人民貫徹以達摩為基礎的理想政治，在領內的岩石上雕刻了自己的教諭，同時在領內約三十處豎立起刻著教諭的石柱。這些柱子全部都是在北印度

同一個地方用砂石打磨製成，可見他動用了龐大的人力將石柱運送到各地。其中最知名的，是在佛教聖地鹿野苑出土的石柱，柱頭上有四頭獅子的雕刻。

沒有史料記載阿育王治世的後半期狀況，所以無法確定他基於達摩的治國方針結果如何。傳說阿育王在晚年遭到軟禁，被剝奪了王位。

孔雀王朝在阿育王死後延續了五十年左右，經歷了分裂、遭到希臘巴克特里亞王國侵略，逐漸走向衰亡。在婆羅門出身的將軍華友（Pushyamitra）奪取王位，創立「巽伽王朝」的西元前一八〇年左右，孔雀王朝的領土已縮小到只剩下恆河流域和西印度一帶。華友在即位後，立刻恢復了婆羅門教的祭祀活動，並且迫害佛教。

巽伽王朝延續了一百一十二年，後續興起的甘華王朝延續了四十五年，最後它的滅亡也宣告了摩揭陀國的終結。

此後，再也不曾出現以恆河流域為基礎的強國，這裡在後續數百年都是由西北部的異族統治，或是各地小國興起又衰亡。

耐人尋味的印度偉人❶

印度哲學最著名的思想家

耶若婆佉

Yājñavalkya

（約西元前 8 世紀）

對各宗教思想影響甚大

自印度這塊次大陸上起源、發展並臻至成熟的思想體系，就稱作印度哲學。建構印度哲學核心思想的代表性人物，就是鄔達羅伽・阿盧尼（Uddālaka Āruṇi）。鄔達羅伽・阿盧尼主張世界是從萬物最原始的根源—梵（Brahman）發端開展，最終又會回歸於梵。

而相傳是其弟子的耶若婆佉，則認為我（Ātman）才是真正的自己，主張梵我一體。

記載這些古印度思想的經典文獻，統稱為《奧義書》。當中所闡述的「梵我一如」概念，不僅是婆羅門教的中心思想，也為後來成立的佛教、耆那教和印度教等各個宗教所傳承。

這就是為什麼鄔達羅伽・阿盧尼和耶若婆佉，會被尊崇為古印度最重要的哲人的原因。

chapter 2

沒有統一王朝的時代

希臘人在印度建立王國？

孔雀王朝在北印度逐漸式微後，西北印度及其他地區都分別出現了各有特點的動向。我們就先從西北印度開始看下去吧。

在印度河流域的西北印度，希臘的王朝勢力正逐漸伸展。在亞歷山大大帝死後分裂的王國東方，於西元前三一二年成立了敘利亞塞琉古帝國。帝國領土東至印度河流域，與孔雀王朝接壤。

到了西元前約二五〇年，現在阿富汗北部的巴克特里亞地區，希臘人總督狄奧多特（Diodotus）脫離塞琉古帝國，獨立創建「巴克特里亞王國」。巴克特里亞王國在西元前約二〇〇年，趁著孔雀王朝衰退，進軍西北印度的犍陀羅和旁遮普地區。

巴克特里亞王國最著名的國王，就是米南德一世（Menander I）。他統治現在的阿富汗南部到恆河流域的地區，和佛教經典《彌蘭王問經》中的彌蘭王是同一人。

《彌蘭王問經》以國王向僧侶那先（Nāgasena）請教佛教教義的問答形式，描述彌蘭王最終皈依佛教的過程。姑且不論改宗是否屬實，至少透過這份史料可以了解當時的希臘和印度曾有異國文化的融合。

位於西北的遊牧國家

巴克特里亞王國的成立，讓之後的遊牧民族仍持續從中亞遷徙至西北印度。故鄉遭到其他遊牧民族奪占的斯基泰人釋迦（塞迦）族遷徙到中亞，在西元前二世紀末征服了希臘勢力衰微的巴克特里亞地區。釋迦族在西元前一世紀上半葉又更進一步南下，進駐西北印度，消滅了巴克特里亞王國，在印度西北和西部建立「印度－斯基泰王國」。

到了西元前一世紀中葉，來自西方的遊牧民帕提亞人的氏族（波羅婆人）進軍西北印度，將釋迦族趕到南方，其中的有力人士岡多法勒斯（Gondophares），在西北印度建立了王國。這個王國為了與波斯的帕提亞帝國（安息帝國）區別，所以又稱作「印度－帕提亞王國」。

後來，希臘人、釋迦族、波羅婆人等征服民族，逐漸接受當時印度信仰的眾神、熟悉印度的習慣，加上統治階層本來就是少數，因此不論在文化還是民族上，都慢慢與印度同化了。

繁榮的交通樞紐

在西北印度成立遊牧國家的西元前一世紀，北邊接壤的巴克特里亞地區是由遊牧民族月氏統治。月氏原本的地盤位於現在的中國西部，但在西元前二世紀與同為遊牧民族的匈奴爭權鬥勢，敗北後遷徙至中亞定居。這個國家在歷史上稱作大月氏，國內有勢力強大的五翕侯。關於五翕侯究竟是屬於大月氏一族，還是當地原住的波斯民族，至今仍沒有定論。

到了一世紀中葉，其中的貴霜翕侯丘就卻（Kujula Kadphises）消滅了其他翕侯自立為王，成立了「貴霜王國」。後來，丘就卻南下征服了犍陀羅國。雖然貴霜王國直接繼承了大月氏國，但確切的創立年分不詳。

在一世紀下半葉，丘就卻去世後，其孫閻膏珍（Vima Kadphises）繼承王位，趁著印度－帕提亞王國式微，將勢力拓展到恆河流域。

閻膏珍的兒子迦膩色伽一世（Kanishka）在位期間，為貴霜王朝的全盛期。迦膩色伽一世定都於犍陀羅的布路沙布邏（巴基斯坦西北城市白沙瓦），副首都則是亞穆納河流域的馬圖拉；二世紀中葉更將版圖拓展到中亞及恆河中游。

貴霜王朝存在的西元前一世紀到西元三世紀左右，歐亞大陸西端有古羅馬、東端有中國漢朝這兩大勢力。後來，兩大勢力的貿易品透過內陸的貿易路線絲路往來，主要

貴霜王朝的時代

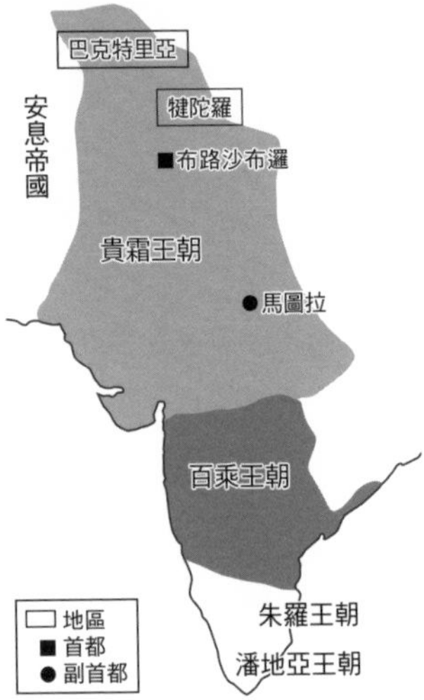

是將商品從東方運往西方，而購買商品的金銀從西方運往東方。

其中從中亞通往波斯（伊朗）的部分貿易路線，因為古羅馬和安息帝國對峙，常常無法通行。商人便改採從巴克特里亞通往西北印度、從西印度港灣走海路前往羅馬的路線。羅馬的金幣和銀幣流入掌握這條貿易路線的貴霜王朝，貴霜王朝的君主又改鑄作為國內貨幣，發展起發達的貨幣經濟。

貨幣不僅有金錢上的價值，也有向國內外宣揚統治者身分的意義，正面除了君主的肖象外，也刻上了當時的國際語言之一希臘文字。當君主更替時，就會再重新鑄造刻了新肖像的貨幣。在歷史資料匱乏的年代，當時發行的貨幣就成了非常珍貴的史料。

佛教的改革運動

貴霜王朝採取宗教寬容政策。從鑄造的貨幣上希臘、波斯、印度眾神的雕刻，亦可窺見其中端倪。迦膩色伽一世當時信奉主要在波斯一帶廣受信仰的祆教，但他也相當關心佛教，還協助結集佛經。

這時，佛教出現了新的動向。當時的佛教分成許多部派，但所有部派的目標都是自行出家修行、獲得解脫，所以統稱為部派佛教。但是到了西元元年前後，佛教發起了運動，主張佛教的本質並非出家修行，而是救濟蒼生。推行運動的僧侶將部派佛教只專注自我解脫的目的視為「利己的小型乘具」，稱之為「小乘」；而將自己的目標視為「偉大卓越的乘具」，稱作「大乘」。附帶一提，小乘是站在大乘的立場提出的稱呼，一般人普遍不會稱小乘佛教，而是「上座部佛教」。

在大乘佛教運動的牽動下，菩薩信仰也傳播開來。佛教徒的最終目標是悟道成為

「佛陀」（成佛），而努力悟道的存在就稱作「菩薩」（Bodhisattva）。不過，一般人要成為菩薩的難度太高，所以大乘佛教便孕育出犧牲自我、救濟蒼生的菩薩教化的思想，並根據不同的救濟衍生出「彌勒」與「觀音」等各種菩薩。

從禁止偶像到佛像雕刻

在大乘佛教成立的貴霜王朝時代，也是以犍陀羅為中心孕育出佛教美術的時代。其實，初期的佛教禁止偶像崇拜。或許因為信徒認為佛陀非常尊貴，用任何形式表現祂的外貌都是大不敬，或是礙於技術無法塑造成形。不過，受到希臘文化強烈影響的貴霜王朝，在一世紀末的犍陀羅地區開始塑造佛像。這片土地自從被印度、希臘人征服以來，就會打造希臘等西方諸神的雕像，並加以崇拜。這個現象也與佛教連結起來，繼而開啟歷史上第一次塑造佛像和菩薩雕像。佛像輪廓鮮明的五官、曲線柔和的頭髮、衣服皺褶的表現，都可以明顯看出深受希臘雕刻的影響。

同一時期，馬圖拉也塑造起佛像。這裡是用紅砂岩為材料，比犍陀羅的雕像稍微圓潤一些。相較於五官陽剛的犍陀羅佛像，馬圖拉佛像則給人圓臉溫和的印象。

大乘佛教隨著佛教美術一同經中亞傳入中國、日本。由於是經由北方傳來，因此又稱作北傳佛教。另一方面，上座部佛教在西元前三世紀傳到錫蘭島後，花了很多時間才傳到現在的緬甸和泰國等東南亞一帶，這就稱作南傳佛教。

東西橫貫德干的王朝

以上是在西元前二世紀孔雀王朝滅亡後，以西北印度為中心的動向。那其他地區當時又發生了什麼事呢？

北印度的巽伽王朝（詳情參照57頁）在恆河中游流域創立，百乘王朝則在西元前一世紀於德干擴張勢力。德干大部分為高原地形，由溫迪亞山脈、西高止山脈、東高止山脈圍繞形成廣大的台地。目前最有力的說法是百乘王朝起源於德干西北部，往東方擴張，後來占據德干東部安德拉人的土地，又稱安德拉王朝。

百乘王朝是隨著雅利安人進駐而南下的達羅毗荼人建立的國家。然而，他們也受到雅利安人的影響，國王信奉婆羅門教。為了強化王權的正統性、保持階級社會的秩序，他們還採用了婆羅門教的瓦爾那制度。此外，他們也贈予土地和村莊，積極吸引婆羅門移居，所以在這個時代有很多婆羅門從北印度遷徙而來。

百乘王朝在全盛時期的二世紀，坐擁東西橫貫印度次大陸的領土，但是到了三世紀以後，國內的有力人士追求獨立，導致王朝瓦解。

南印度的達羅毗荼人國家

德干以南的「南印度」地區，情況又是如何呢？所謂的南印度，是指位於印度次大陸南端，相當於現在印度的坦米爾那都邦、卡納塔卡邦、喀拉拉邦、安德拉邦、泰倫加納邦等許多達羅毗茶人居住的地區。

南印度地區從西元前三世紀左右開始，有相當長的一段時間處於「朱羅王朝」、「潘地亞王朝」和「哲羅王朝」三個王朝鼎立的時代。這三個王朝政權都是由同樣使用坦米爾語（屬於達羅毗茶語系）的族群所建立，所以一般又被稱作「坦米爾三王國」。

在這個時代的南印度，從北印度傳來了吠陀諸神和婆羅門教的教義，不過坦米爾人主要崇拜的是穆如干（Murugan）等坦米爾人特有的神。在一～三世紀期間，誕生了以古坦米爾語寫成的宮廷文學桑加姆文學（Sangam）。相較於北印度以婆羅門教和佛教思想為主題的梵語文學，桑加姆文學的特色是有很多描寫愛情和戰爭的詩詞。

連結羅馬和印度的海上路線

在一～二世紀的印度，西印度有貴霜王朝，德干有百乘王朝，南印度則有坦米爾三王國繁榮發展。這個時期的經濟活動特徵，是從地中海通往紅海或波斯灣、橫渡阿拉伯海抵達印度的路線，取代了連結羅馬與漢朝的內陸路線，海上貿易變得十分盛行。

從西元前後到二世紀末為止，是古羅馬的全盛時期，有力貴族和羅馬市民對於東方物產的興趣變得濃厚。作為「絲路」一名由來的中國絲綢、阿拉伯半島的香木，以及印度的胡椒、棉布、寶石、象牙，都是很受歡迎的商品。雖然羅馬也會出口陶器、玻璃製品、葡萄酒、橄欖油，但進口比出口量更高，使金幣流向國外。百乘王朝和南印度到處都可以看到古羅馬的金幣。

印度洋貿易突然繁盛的理由之一，就是確立了利用季風直航阿拉伯半島和印度半島的航線。相傳這股季風是由希臘人希帕路斯（Hippalus）所發現，所以古羅馬將這股風稱作「希帕路斯風」。不過在更早以前，阿拉伯和印度船員就已經懂得利用這股季風了。

由居住在埃及的希臘水手在一世紀中葉寫成的印度洋貿易航海指南《愛利脫利亞海周航記》，是記載了當時印度港口、貿易品、物產等資訊的珍貴紀錄。同一時期的古希臘天文學家托勒密（Claudius Ptolemaeus）所著的《地理學指南》裡，也提到了印度。印度方面的桑加姆文學作品裡，同樣也描述了當時的貿易情景。

印度和古羅馬貿易往來的考古證據，出自南印度東海岸的阿里卡梅杜遺蹟。這座遺蹟就位在《愛利脫利亞海周航記》裡出現的港都波杜克（現在的朋迪治里聯邦屬地首府朋迪治里），這裡發掘出古羅馬的玻璃製品，和裝有葡萄酒的陶壺。

海上貿易路線又從印度往東延伸，現在越南的澳蓋遺蹟等東南亞各地，都出土過與這個時代的印度有關的文物和羅馬的金幣。

北印度崛起的新王朝

我們再回到北印度的話題吧。北印度在西元前二世紀孔雀王朝滅亡後，曾有許多小國林立，它們征服了恆河中游流域一帶，和孔雀王朝同樣以巴連弗邑為首都，在三二〇年統一建立笈多王朝。笈多王朝的建國者旃陀羅・笈多一世（Chandragupta I），其祖先是恆河下游流域摩揭陀的領主，和創立孔雀王朝的旃陀羅笈多並沒有血緣關係。

雖然目前的考古資料，無法考證旃陀羅・笈多一世的真實身分是否就是剎帝利，不過他後來納剎帝利名門出身的鳩摩羅提蓖（Kumaradevi）為妃，藉此主張自己擁有取得王權的正統性。不僅如此，在這個時期所鑄造的金幣，上面也共同刻有旃陀羅・笈多一世和鳩摩羅提蓖的肖像，推想其目的應該就是要向大眾宣傳自身王權的正統。

笈多王朝的第二代國王，是旃陀羅・笈多一世和鳩摩羅提蓖所生的兒子沙摩陀羅・笈多（Samudragupta）。相傳沙摩陀羅・笈多遠征南印度，擴大了笈多王朝的版圖。相較於實行中央集權統治的孔雀王朝，他將鄰近首都的恆河流域作為笈多王朝的直轄地，並與較遠的地區締結從屬關係，要求他們納貢，採取分權統治。

笈多王朝時代的印度

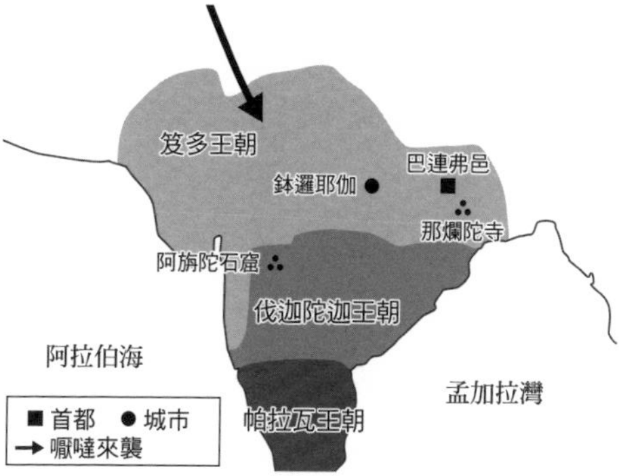

沙摩陀羅・笈多的事蹟，可以透過恆河中游流域的城市安拉阿巴德（舊名普拉耶格），在當地豎立的阿育王石柱雕刻了解。這裡除了原本刻有的阿育王事蹟以外，沙摩陀羅・笈多也補刻了自己的事蹟。從中可以發現，他不僅有軍事上的成就，也愛好文藝。

當時的金幣上，也刻著沙摩陀羅・笈多演奏

印度琵琶的模樣，以及他主持吠陀儀式的生動形象。在當時，唯有君主才擁有舉行吠陀儀式的資格。

中國僧侶留學印度

四世紀末到五世紀，在第三代國王旃陀羅・笈多二世（Chandragupta II）的統治下，笈多王朝迎向全盛時期。旃陀羅・笈多二世將公主嫁到同一時期位於德干地區的伐迦陀迦王朝（詳情參照86頁），建立聯姻關係。杜絕了南方的憂患後，便將版圖往西大幅擴張，取得靠阿拉伯海的港口。

在旃陀羅・笈多二世的治世，中國東晉的高僧法顯來訪，帶了許多梵語佛經回中國。法顯稱呼旃陀羅・笈多二世為「超日王」，並且將巴連弗邑的繁榮與取經遊歷各國的過程寫成《佛國記》。

第四代國王鳩摩羅笈多一世（Kumaragupta I）在位的五世紀上半葉，局勢大致穩定。鳩摩羅笈多一世在摩揭陀國首都王舍城（現在的拉查基爾）附近，建了一座學習佛教的設施「那爛陀寺」。這裡有大小十五座寺院林立，又稱作佛教大學，來自國內外的僧侶都在此學習。反之，在六世紀初，我們都聽說過的達摩祖師──婆羅門出身的僧侶菩提達摩（Bodhidharma），當時正前往中國。

但是，鳩摩羅笈多一世在位的末期，中亞遊牧民族嚈噠（匈那人）經常入侵西北印度，大大威脅笈多王朝。當笈多王朝國力衰微，原本是從屬關係的各國紛紛獨立。進入六世紀後，笈多王朝成了一個小國，在六世紀中葉滅亡。

古典文學的高峰

笈多王朝的全盛時期四～五世紀，隨著政治安定與經濟繁榮，印度的古典文化邁向黃金時期。梵語成為通用語後，便以宮廷為中心發展出梵語文學。

在旃陀羅・笈多二世的時代，有詩聖之稱的宮廷詩人迦梨陀娑（Kalidasa）十分活躍。其代表作是描述國王豆扇陀，和仙人的養女沙恭達羅苦戀的戲劇《沙恭達羅》。這部作品是近代歐洲翻譯的第一部梵語文學，除了英語以外，也譯成法語和德語。其中德語版對詩人兼劇作家歌德（Johann Wolfgang von Goethe）的戲劇作品《浮士德》影響深遠。迦梨陀娑還有詩歌《行雲使者》等其他知名的代表作。

詩人維沙哈達塔（Vishakhadatta）的歷史劇作《曼陀羅克夏沙》，也是梵語文學的代表作之一。流傳

當時的日本

大約西元前5世紀在印度創立的佛教，是到538年（一說是552年）才傳到日本。朝鮮半島南部的百濟聖王派遣使節到日本，將佛像和佛經獻給欽明天皇。從此以後，佛教在日本便慢慢普遍受到信仰。

至今的性愛文學《慾經》，也是成書於笈多王朝。

此外天文學和數學也非常發達。十進位的數學記數系統和零的概念，都是誕生於這個時代的印度。我們今天稱作阿拉伯數字的計數符號，過去稱作印度數字。這套系統是經由阿拉伯傳入中世歐洲，才因此得名。

至於美術方面的代表作品，有以馬圖拉為主的佛像雕塑群。不同於深受希臘文化影響的希臘式佛教藝術（也就是犍陀羅藝術），笈多風格則充分展現出當時印度人的審美觀。

自然成形的印度教

在今天的印度，大約有八成的人口信仰印度教——它就是在笈多王朝的時代成為民族宗教。

印度教沒有特定的開山祖師，也沒有獨一無二的宗教經典，甚至沒有入教儀式、約束全體的組織和階級。它是信仰許多神祇的多神教，從自然崇拜的信仰到哲學、包含一切要素。

雅利安人的宗教婆羅門教，隨著他們傳入了印度。婆羅門教最重要的是敬神的嚴謹儀式，以及維持身分制度。然而經過長久的歲月後，婆羅門教也逐漸和原住民的宗教、習俗與儀式融合了。

婆羅門的祭司起初只能由婆羅門、剎帝利、吠舍這前三位瓦爾那來主持儀式，被征服民的第四等身分首陀羅不得參加。但是到了笈多王朝時代，瓦爾那也發生了變化，吠舍成為商人瓦爾那、首陀羅成為農民瓦爾那，首陀羅也開始能夠參與儀式。原因出在婆羅門維持生計的問題。婆羅門只要舉行儀式就能得到報酬，所以在人口中占了絕大多數的首陀羅也為了生活而紛紛開始舉行儀式，使婆羅門教逐漸融入了首陀羅信仰的神祇形象和習慣。

於是隨著時間過去，源自婆羅門教的因陀羅和阿耆尼等古代眾神的存在愈來愈薄弱，濕婆和毗濕奴（Vishnu）這些新的神祇開始受到民眾歡迎。婆羅門教就這麼逐漸和原住民的宗教融合，最終成為印度教。

兩大敘事詩

印度教將兩大敘事詩《摩訶婆羅多》和《羅摩衍那》視為經典，這兩部史詩都是在笈多王朝初期以前，撰寫成傳頌至今的內容。

《摩訶婆羅多》講述吠陀時代晚期婆羅多族爭奪王位與領地的故事，是由十八卷本、十萬首詩，外加一萬六千首詩的附篇所構成的大長篇。故事描述般度族的五名王子與俱盧族的一百名王子的戰爭，融入了許多寓意和神話。

其中一部，提到了印度教徒尊為經典的《薄伽梵歌》。這首詩歌教人要乞求毗濕奴的恩惠、履行自己應盡的義務。《摩訶婆羅多》裡則描述到毗濕奴的化身黑天（Krishna），搭上般度族的三王子阿周那（Arjuna）的戰車駕馬的場景。黑天向因友人和長輩開戰而感到躊躇的阿周那，表明了自己的真實身分，告訴他「以剎帝利之身履行義務，即是對神的奉獻」。

這場戰爭持續了十八天，雙方都出現大量傷亡，許多人物因此死去。敵軍因為最終兵器而陷入火海之中，超古代文明論者還曾經引用這個場面，主張「這就是古代曾發生過核子戰爭的證據」來支持自己的核子戰爭理論。當然這件事並沒有學術上的根據，不過這些要素都曾經成為小說和動漫作品（例如《天空之城》的因陀羅之箭）的創作題材。

根據專門推廣印度熱門運動卡巴迪的日本卡巴迪協會的說法，卡巴迪是由守備方的七人對上進攻方的一名攻擊者，這個規則就是源自《摩訶婆羅多》的主角（阿周那）的兒子，嘗試突破七個敵人包圍的故事。若再更進一步往前追溯，也可能是源自多人圍捕單一獵物的狩獵方法。

《羅摩衍那》的故事走向比《摩訶婆羅多》要簡單一些，是由七卷、共二萬四千首詩所組成的長篇。它描寫的故事是拘薩羅國的王子羅摩（Rama），因遭受謀害而離開王宮，與妻子悉多（Sita）和異母弟羅什曼那（Lakshmana）一同隱居森林。但是，森林裡的魔王羅波那（Ravana）卻拐走悉多。羅摩借助神猴哈奴曼（Hanuman）的力量，打敗了羅波那、救出悉多。

在廣泛接受印度文化的東南亞，《羅摩衍那》不僅是泰國的民族史詩《拉瑪堅》的原型，還成為峇里島的舞蹈與男性合唱表演的卡恰舞、哇揚皮影偶戲的劇目。

融合諸神的神

多神教的印度教有很多神祇，位於頂點的是濕婆、毗濕奴、梵天（Brahma）三大神，人民信仰的對象大半數都是濕婆和毗濕奴。印度現有的印度教神廟，多數都是供奉這兩尊神及其親族神。

最受歡迎的是創造與破壞之神濕婆。在印度河文明遺蹟出土的印章上，可以發現濕婆的雕刻，但是在當時祂還不是重要的神。不過隨著時代演進，濕婆融合了其他的神祇和土地神的要素，才成為印度教的主神。

濕婆又稱作Naṭarāja，意思是「舞王」。祂被奉為戲劇和舞蹈的創始者，其跳舞的姿態刻在各地遺蹟的牆上。因此，在印度不論是自己跳舞還是欣賞舞蹈，都是家常便飯，在普羅大眾之間根深蒂固。

濕婆的親族神也深受人民信仰。祂的妻子雪山神女（Parvati）是慈悲滿懷的豐

收女神，但是女戰神難近母（Durga）與殺戮毀滅女神迦梨（Kali）也是雪山神女的化身。這或許是因為融入了各地地母神的緣故。濕婆的兒子有象頭財神伽內什（Ganesha），以及戰爭之神室建陀（Kartikeya）。

人氣和濕婆不相上下的毗濕奴，是維世之神與慈善之神。祂擁有許多化身（十化身），《羅摩衍那》的王子羅摩、《摩訶婆羅多》的英雄黑天，佛教的始祖喬達摩・悉達多也被視為其化身，而祂的妻子是美麗與財富之神吉祥天女（Lakshmi）。

毗濕奴之所以擁有許多相異的名稱，終歸還是因為祂融合了各地的神祇。既然各地人民崇拜的神都是毗濕奴，那麼只要一如往常繼續供奉這些神，就等於是供奉毗濕奴。同樣的道理，如果喬達摩・悉達多也是毗濕奴的化身，那麼佛教就是印度教的其中一支派別。

印度的土地神就是這樣經年累月下來，逐漸化為濕婆和毗濕奴二神及祂們的親族，融入印度教之中。

7世紀的印度

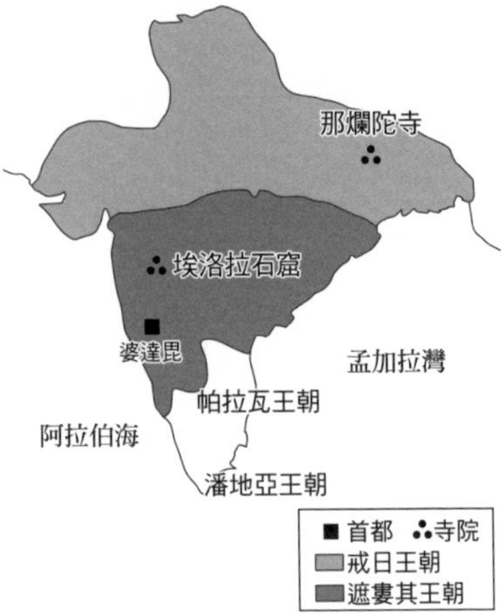

前往天竺的取經之旅

在笈多王朝滅亡後，曷利沙伐彈那（Harshavardhana）在各王國勢力競爭中脫穎而出，統一了北印度。六〇六年，曷利沙在身為普西亞布蒂王朝國王的哥哥死後繼承王位，同時也入選鄰國穆克里王朝的後繼者，於是他合併兩國，創建了「戒日王朝」。曷利沙直接沿用穆克里王朝的首都，發揮他的外交和軍事才能，短期內就統一了大多數的北印度地區。

曷利沙直接統治作為王朝中心的恆河中、上游流域，其他地區則是採取讓各地原本的領主臣服，由他們繼續治理該地的封建統治體制。這也是因為自從嚈噠入侵以後，北印度的商業活動便一直停擺，家臣的酬勞無法用貨幣支給，只能仰賴土地收入的緣故。至於西部和西北部的遠方領主，則是僅止於同盟關係。

曷利沙在位期間曾揮軍南下，企圖進駐德干地區，但是與當時位於德干的「遮婁其王朝」（詳情參照87頁）交戰後敗北，未能如願。他在六四七年去世後，發生了王位繼承權之爭，戒日王朝幾乎只維持了一代即滅亡。

儘管曷利沙是印度教徒，但他也能接納佛教，還親自創作了宣揚佛教思想的戲劇《龍王之喜》。因此，成為佛教重鎮的那爛陀寺，吸引了亞洲各地的僧侶來訪，其中還包含來自中國唐朝的玄奘（三藏法師）。

玄奘為了取得佛經的原典，在六三〇年來到印度（當時稱作天竺）。得到曷利沙禮遇的玄奘不僅在那爛陀寺裡修習佛教，還遊歷印度各地。歸國後，他翻譯自己帶回來的佛經，同時也寫下遊記《大唐西域記》，描述在曷利沙治理下的印度風貌。後世的文學家根據這本遊記，寫成了文學作品《西遊記》。

玄奘在印度學習佛教的六四一年，曷利沙派遣使節覲見唐太宗，太宗也同樣遣使拜見曷利沙作為回禮。

石窟寺院的盛行

不只是北印度，德干地區的文化也繁榮發展。在德干地區，百乘王朝（參照68頁）滅亡後，三世紀有「伐迦陀迦王朝」興起，並持續擴張版圖（參照73頁圖）。這個王朝在四世紀中葉與笈多王朝的沙摩陀羅・笈多交戰敗北，但後來迎娶了笈多王朝旃陀羅・笈多二世的公主、雙方締結姻親關係，建立合作體制。伐迦陀迦王朝還捐贈土地給婆羅門，鼓勵他們從北印度移居過來。

德干文化遺蹟的代表就是阿旃陀石窟。這座質樸的石窟是從西元前一世紀開始建造，在五～六世紀迎向全盛時期時，開始裝飾許多佛像和壁畫，並發揮寺院的作用。藝術價值最高的一號石窟，有描述佛教故事的壁畫，以及保護佛陀的蓮華手守門神壁畫，這些都是印度古典文化的傑作。多達三十座石窟群在一九八三年以「阿旃陀石窟」之名，登錄成為印度第一座世界文化遺產。

伐迦陀迦王朝在六世紀中葉滅亡後，「遮婁其王朝」進駐西德干地區（參照84頁圖）。這個王朝在六世紀中葉，以現在的印度南部卡納塔卡邦北部為中心立國，擊敗南進的曷利沙伐彈那軍隊、阻止他們進占德干；同時又與南印度的帕拉瓦王朝斡旋，一度侵略帕拉瓦王朝，展現出強大到足以逼近首都的氣勢。

遮婁其王朝也建造了許多石窟寺院。但是，佛教卻與逐漸廣傳的印度教相反，開始進入衰退期，相對地印度教和耆那教的石窟變得醒目。代表作包含

位於首都婆達毘（現在的巴達米）的印度教石窟神廟，以及當時位在周邊的商業都市艾荷落的耆那教石窟寺院。

石窟當中最著名的是位於德干高原埃洛拉石窟裡、供奉濕婆的凱拉薩神廟。它是從岩山的正上方往下開鑿建成，是座宛如雕刻般的建築。埃洛拉石窟裡建於五～十世紀的石窟寺院，總共三十四座，早期全都是佛教寺院，但是在七世紀以後增加很多印度教石窟。目前，「埃洛拉石窟」也已經登錄為世界文化遺產。

西元七～八世紀，除了石窟以外，印度也開始建造石造神廟。從這時起信徒可以自行設立神廟，對宗教傳播來說意義重大。位於婆達毘附近艾荷落的杜爾加

當時的日本

在奈良時代，聖武天皇憂心瘟疫和飢荒蔓延，於是下令建造東大寺；同時求助佛陀之力消災解厄，在752年舉辦本尊大佛的開眼供奉會。這時主持開眼儀式的人，是印度出身的僧侶菩提僊那。

神廟，以及古代的大城帕塔達卡爾的多座印度教神廟，都是其中的代表。沒有遭到破壞、保存狀態較為良好的「帕塔達卡爾建築群」，也已經登錄為世界文化遺產。

印度教逐漸滲透南印度

南印度也和北印度一樣發生了變化。朱羅王朝、潘地亞王朝、哲羅王朝這三個王國日漸衰敗，在三世紀進入了混亂時期。六世紀有帕拉瓦王朝崛起，後續潘地亞王朝又復興，並且與德干的遮婁其王朝發生爭鬥。

在這場勢力鬥爭之中，出現了重大的社會變化。在大約六世紀，印度教傳到了南印度，取代過去廣受信仰的佛教、耆那教與在地宗教，逐漸普及。這股現象起因於「巴克蒂信仰」，不是藉由修行和學習知識來開創解脫之道，而是將濕婆和毗濕奴等最高神祇想像成人類的姿態，猶如骨肉親人般愛祂、祈求祂的眷顧，就有望獲得解脫。這個信仰以吟遊詩人為中心，傳遍印度全土，這就稱作「巴克蒂運動」。

印度教在南印度的滲透程度，亦可見於現代南印度的信仰。在帕拉瓦王朝的首都馬杜賴一帶廣受崇拜的男神穆如干（Murugan），原本是達羅毗荼人信仰的神祇，信徒視祂為濕婆的兒子、戰爭之神室建陀，融入印度教中。馬杜賴最著名的密納克西神廟裡供奉的魚眼女神（Meenakshi），也是濕婆的妻子雪山神女的別名。

南印度的印度教徒愈來愈多，導致其他宗教的信徒逐漸減少，尤其是佛教出現了顯著的衰退。

到了七世紀，南印度也開始建造石材堆砌而成的石窟神廟。建於帕拉瓦王朝時代的代表性印度神廟中，最著名的是位於港都馬馬拉普拉姆的五戰車神廟和海岸神廟。戰車（Ratha）是指祭典時使用的檀車，這五座神廟擁有仿造檀車的屋頂，後來成為達羅毗荼建築風格的原型。供奉濕婆和毗濕奴的海岸神廟，是建於八世紀初的早期石造神廟。這所有建築都以「馬馬拉普拉姆建築群」之名登錄為世界文化遺產。

朱羅王朝於南印度的盛世

九世紀末到十三世紀末，「朱羅王朝」（後朱羅王朝）在南印度坐擁龐大的勢力。朱羅家原本臣從於帕拉瓦王朝，但勢力在帕拉瓦王朝與潘地亞王朝不斷鬥爭的過程中壯大，最終殺死君主、併吞帕拉瓦王朝。這個王朝和西元前三世紀到西元三世紀建於南印度的朱羅王朝（前朱羅王朝）同名，但兩者並沒有直接關聯。

朱羅王朝在九八五年羅荼羅乍一世（Rajaraja I）即位後，勢力迅速擴張，進攻錫蘭島上的僧伽羅王國，將其北部併入版圖，還往北進軍打敗了遮婁其王朝。兒子羅貞陀羅一世（Rajendra Chola I）在位的十一世紀上半葉，王朝迎向全盛時期，版圖來到最大。

朱羅王朝強大的理由之一，就是積極從事海上貿易。在這個時期的西方，阿拔斯王朝和塞爾柱王朝都非常繁盛，阿拉伯商人的路網都會經由印度延伸到東南亞和中國。羅貞陀羅一世為了奪得海上貿易霸權，在一〇二五年左右派軍前往東南亞的三佛齊王國，攻陷馬來半島的城市，還拿下了阿拉伯商人重要的海上貿易據點馬爾地夫群島。此外，還有史料記載他曾派遣使節拜訪遙遠的中國北宋。

足以象徵其富庶國力的，就是羅荼羅乍一世所建的壯麗布里哈迪希瓦拉神廟。主殿頂部高度約六十公尺，廟裡供奉著濕婆，同時羅荼羅乍一世也將自己神格化。堪稱南方神廟建築巔峰之一的布里哈迪希瓦拉神廟，以「朱羅王朝大神廟」的名義登錄為世界文化遺產。

北印度的拉傑普特人

那麼，我們再回頭看北印度的情勢吧。在七世紀戒日王朝滅亡後，北印度有許多小型王國林立。這些小國的君主多半都是拉傑普特人，所以八世紀到十二世紀又稱作「拉傑普特時代」。

拉傑普特是梵語意指「王子」的raja-putra的轉音，意思是剎帝利的子孫。但是實際上，並不是每個氏族都曾經是剎帝利，他們獲得婆羅門的協助，編造出起源於遠古眾神的家譜，藉此宣揚自己的正統性、加持權威。

拉傑普特人會維護氏族的連結，是重視尚武精神的印度教徒。這個時代以拉傑普特各國為首的印度各王國，都採取了名為「薩曼塔制」的封建分權體制。在這個體制下，國王（摩訶羅闍）將領地分封給諸侯（摩訶薩曼塔），諸侯則有義務納稅給國家、在戰時出動軍隊。

諸侯也會分封領地給家臣，要求他們納稅和出動軍隊作戰，建立主從關係。這個體制也將住在領地內的農民當作財產的一部分，因此農民的遷徙受到限制，還需要納稅並付出勞力。

這種封建制度的成立背景，在於貨幣經濟長期衰退，再也無法用貨幣支付酬勞的緣故。

拉傑普特各國當中，版圖最大的是「普臘蒂哈臘王朝」。據說他們的祖先和嚈噠人一起從中亞過來，王室自稱是拉傑普特人。

成立於九世紀初的普臘蒂哈臘王朝，直接沿用了戒日王朝的首都，疆域在九世紀涵蓋整個北印度，剛好可以抵禦正拓展到印度河流域的伊斯蘭勢力，阻止他們進入印度。

9～10世紀的印度

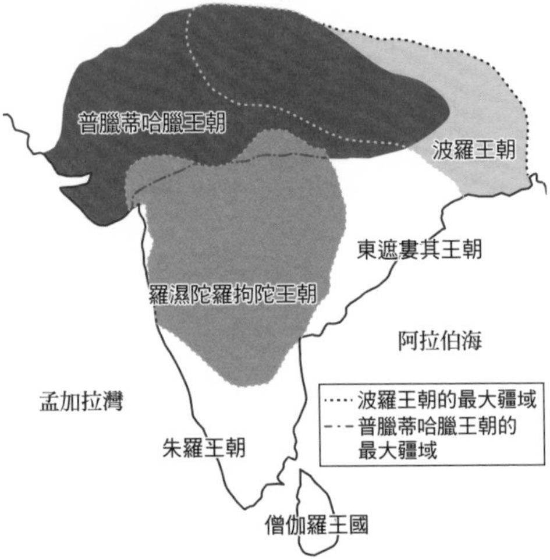

與普臘蒂哈臘王朝抗衡的，是奪取了君主遮婁其王朝國王王位、在八世紀中葉成立於德干地區的「羅濕陀羅拘陀王朝」，以及在八世紀中葉興起於恆河下游流域孟

加拉地區、勢力擴大到恆河中游流域的「波羅王朝」。

羅濕陀羅拘陀王朝是信奉印度教的拉傑普特人一大勢力。王朝統治了德干地區兩百多年，但在九七三年遭到臣下的遮婁其家族奪取王位，因而滅亡。於是在十世紀成立的遮婁其王朝，又稱作後遮婁其王朝，以便和六～八世紀的遮婁其王朝（前遮婁其王朝）區別。波羅王朝有豐富的農產，並透過位於恆河河口的港口從事海洋貿易，繁榮發展。此外，當時多數國家都信奉印度教，波羅王朝卻特地保護佛教，還興建了許多僧院。那爛陀寺也成為其佛教活動的中心。之後，波羅王朝即使逐漸衰退，仍一直延續到十二世紀下半葉。

普臘蒂哈臘王朝在九世紀經歷全盛期後便式微，在一〇一八年遭到突厥語族的伊斯蘭王朝加茲尼王朝攻陷首都後，沒過多久即滅亡。於是喬漢（兆漢）王朝脫離普臘蒂哈臘王朝後獨立建國，與從西北邊境來襲的伊斯蘭勢力抗戰。

祕密專欄

印度的食物和飲品

不同於日本的咖哩？正宗的印度咖哩

咖哩飯對日本人來説是國民美食，應該很多人都愛吃吧。那你是否聽過有人説「那根本不是正宗的印度咖哩」呢？

與日本相比，印度氣溫偏高的地區較多，自古以來就會用香辛料入菜，以達到促進發汗與開胃的效果。到了大航海時代，到訪印度的葡萄牙人將香辛料做的料理記錄為「kari」，英語則稱為「curry」。Kari在南印度的語言中是「飯菜」的意思，也就是說，印度並沒有名叫咖哩的料理，只是外國人把在印度吃到的香辛料燉煮料理統稱為咖哩而已。

印度咖哩和日本咖哩有很大的差異，每個家庭都會自己調配香辛料再入菜燉煮。北印度是加了鮮奶油的濃稠咖哩，經常搭配麵粉揉成的饢和麥餅食用。南

印度則是湯汁較多的清爽咖哩，經常搭配米飯一起吃。

此外，佛教和耆那教的教義包含不殺生，這點也影響了婆羅門教和印度教，因此印度的素食者比例高達23～37％，為全世界最多。不過只吃一點點肉的人口也不少。

飲品方面，濃郁的印度奶茶、優酪飲料拉西都非常受歡迎；南印度人還會喝非常甜膩的牛奶咖啡。至於酒精飲料方面，由於飲酒會抵觸印度教的教義，再加上印度的禁酒運動盛行，所以公然喝酒的人並不多。

耐人尋味的印度偉人❷

影響近代學術研究的天文學家

婆羅摩笈多

Brahmagupta

（598～665）

數字「0」的發現者

「0」是我們在日常生活中習以為常的數字，而歷史上第一位提出這個數字的計算規則的人，正是印度數學家婆羅摩笈多。

他在30歲時寫下天文學著作《婆羅摩曆算書》，不僅預測了月蝕和日蝕現象的時間，還提及行星在天空中的位置。這本書也包含與數學相關的章節，談論方程式和圖形的問題，並說明他運用0計算的見解。婆羅摩笈多在67歲時，完成另一部天文數學的著作《曆法甘露》。

婆羅摩笈多的著作並不僅限於印度的天文學和數學，還透過伊斯蘭教圈傳播到歐洲，對學術研究造成很大的影響。

chapter 3

伊斯蘭勢力進駐

來自阿富汗的侵略

在玄奘拜訪北印度戒日王朝的七世紀上半葉，阿拉伯半島興起伊斯蘭教。此後不到一個世紀，在七一一年，伊斯蘭的倭瑪亞王朝從印度西北部進軍而來，攻抵印度河下游和中游（兩地都位於現在的巴基斯坦）。但是之後朝代交替，倭瑪亞王朝變成了阿拔斯王朝，導致伊斯蘭勢力正式進軍印度的行動出現了空窗期。

伊斯蘭勢力再次揮軍印度，是在十一世紀的加茲尼王朝時代。加茲尼王朝是以中亞為據點的薩曼王朝軍人阿爾普特勤（Alp-Tegin），占領了現在阿富汗東部加尼茲地區後獨立創建的突厥王朝。阿爾普特勤的部下在他死後成為國王，而這位部下的兒子馬哈茂德（Mahmud of Ghazni）在九九八年即位後，逐漸拓展王朝勢力。

他從加尼茲進軍到印度西北部的犍陀羅，接著進入旁遮普地區，以此地為據點，開始進入恆河和亞穆納河中游一帶。他在一〇一六年攻陷馬圖拉、一〇一八年攻陷普臘蒂哈臘王朝的首都，大肆破壞城鎮和寺廟。馬哈茂德的目的並不是占領印度，而是洗劫，所以在達成目的以後就返回了加尼茲。

古爾王朝時代的印度

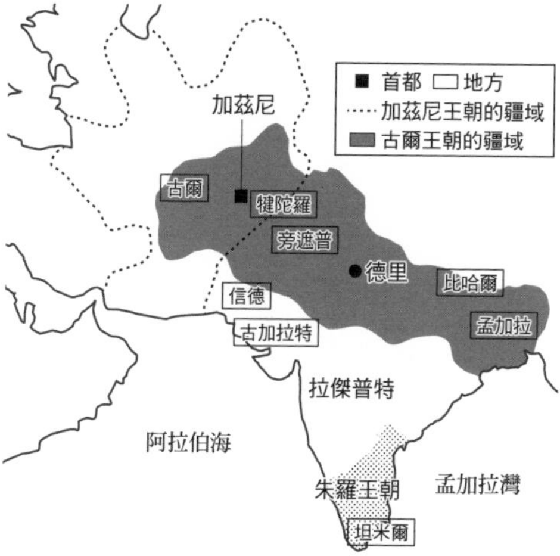

到了十二世紀末，「古爾王朝」的穆伊茲丁・穆罕默德（Mu'izz ad-Din Muhammad）開始進軍北印度。古爾王朝是據點位於現在阿富汗中部古爾省的王朝，起初是加茲尼王朝的附庸國，但是在穆罕默德在位期間擴張勢力，於一一八六年消滅了衰敗的加尼茲王朝。

一一九一年，古爾王朝軍隊進攻亞穆納河流域喬漢王朝的首都德里，喬漢王朝的君主率領拉傑普特聯軍迎戰。這場發生在德里北方的塔萊戰役，起初是拉傑普特聯軍獲勝；但是翌年在同一地點爆發的戰爭，卻是古爾王朝軍獲得最終勝利。一一九三年，古爾王朝將軍庫特布丁・艾伊拜克（Qutb ud-Din Aibak）攻陷德里，推進了北印度的征服大業。

古爾王朝進軍到孟加拉地區，破壞印度佛教位於比哈爾的最後據點超戒寺。這件事迫使僧侶紛紛逃至鄰近各國，印度佛教團體幾近滅絕。

征服了北印度大多數區域的穆罕默德於一二〇二年病逝，其胞弟繼承王位，但他在一二〇六年返回加尼茲的途中，遭到敵對勢力暗殺身亡。

奴隸成為一國之君？

艾伊拜克趁著國王遇刺後的混亂，於一二〇六年在德里獨立創建了王朝，自封

「蘇丹」。蘇丹是伊斯蘭教遜尼派君主的稱號。艾伊拜克原本是古爾王朝的馬木路克軍人，所以這個王朝又稱作「奴隸王朝」。「馬木路克」在阿拉伯語中就是「奴隸」的意思，主要是指突厥、蒙古奴隸出身的軍人。不過，馬木路克與我們想像中單純受到使喚的奴隸不同，是從小就接受軍事教育的職業軍人。在艾伊拜克之後繼位的人也都是奴隸出身，或是其直系後代。

在奴隸王朝之後，接續的「卡爾吉王朝」、「圖格魯克王朝」、「賽義德王朝」、「洛迪王朝」都是定都於德里，君主以蘇丹為頭銜的伊斯蘭政權。這橫跨三百二十年的五個王朝，一般統稱為「德里蘇丹國」。不過，相較於圖格魯克王朝幾乎統治了整個印度，賽義德王朝的疆域僅僅只包含德里一帶。排除最後是阿富汗部族的君主當權的洛迪王朝，其他四個王朝都是突厥民族建立的王朝。

一二一一年，繼艾伊拜克之後即位的是馬木路克軍人、艾伊拜克的女婿伊勒杜迷失（Iltutmish）。伊勒杜迷失是個能幹的君主，他強化了蘇丹的權力，並將版圖往東西擴張。

但伊勒杜迷失也面臨了危機。在這個時代，成吉思汗（Genghis Khan）率領的蒙古族開始積極進軍中亞，於一二三一年消滅了中亞的花剌子模王國。王國繼承人前來請求伊勒杜迷失支援，但伊勒杜迷失不想讓蒙古軍有侵略的藉口，因此拒絕了請求。繼承人逃往伊朗後，蒙古軍為了追殺他也跟著離開了印度。

雖然奴隸王朝暫且逃過一劫，但蒙古進攻是遲早之事。蒙古帝國後來在中亞建立的察合台汗國，從旁遮普地區入侵；十三世紀下半葉，於伊朗建立的伊兒汗國，則持續威脅著信德地區。

一二八七年，奴隸王朝的蘇丹巴勒班（Ghiyas ud

當時的日本

描述平安時代末期源平相爭的《平家物語》，成書於13世紀。其序文描述到「祇園精舍的鐘聲（中略），沙羅雙樹的花色（後略）」。祇園精舍是存在於古印度的建築，佛陀曾在此說法，最後在兩棵娑羅樹（沙羅雙樹）下圓寂。

din Balban）去世後，將軍菲魯茲・卡爾吉（Jalal ud din Firuz Khilji）趁亂奪取王位，於一二九〇年創立了卡爾吉王朝。

亞歷山大第二

卡爾吉王朝的創始人菲魯茲，為突厥民族的其中一支卡爾吉族出身。菲魯茲的姪子阿拉丁（Alauddin Khalji）繼承蘇丹後，更進一步壯大王朝勢力。

一二九六年，阿拉丁奉菲魯茲之命，率軍攻陷德干的雅達瓦王朝首都，擄掠戰利品強化軍隊的裝備和宮廷的工程支出，而後殺害了來到軍營的菲魯茲，即位成為蘇丹。他即位後不久，蒙古大軍攻到德里近郊，但他成功擊退了大軍，一舉成名。

阿拉丁在北方與蒙古軍對峙的同時，也陸續攻陷西印度和拉傑普特各大城市；之後又因為屬國雅達瓦王朝叛變，而率軍前去挾持雅達瓦王朝的國王、送到德里，並且也進攻南印度，一路進軍到接近印度南端。但是，阿拉丁遠征南印度的目的是取得戰利品，並不是要統治該地。同一時期，他也派兵前往阿富汗，擊退了蒙古軍。相傳阿拉丁因為百戰百勝，而開始自稱為「亞歷山大第二」。

鎮日作戰的阿拉丁為了維持軍隊，也投入內政改革。他控制穀物等物價，並且向農民課徵相當於一半收穫量的重稅，要求他們以金錢繳納。這個制度後來還傳承了好幾個王朝。

卡爾吉王朝的最大疆域一度涵蓋南印度，但是當阿拉丁在一三一六年去世後，王朝便因為內亂而迅速衰退。

帖木兒進襲

吉亞斯・圖格魯克（Ghiyath al-Din Tughluq）趁著卡爾吉王朝內亂之際，在一三二〇年創立了圖格魯克王朝。吉亞斯即位後，隨即消滅了德干東部衰敗的卡卡提亞王朝，與南印度的潘地亞王朝，幾乎統治了整個印度。一三二五年左右，其長子烏格魯汗（Ulugh Khan）繼位，改稱為穆罕默德・賓・圖格魯克（Muhammad ibn Tughluq）。然而，穆罕默德的任期後半因為軍事支出增加、大舉增稅、貨幣改革失敗，導致各地陸續發生暴動。結果南印度在一三三四年成立了馬杜賴蘇丹國，德干在一三三六年成立了毗奢耶那伽羅王朝（詳情參照131頁），一三四七年巴赫曼尼蘇丹國獨立（詳情參照117頁）。

14世紀下半葉的印度

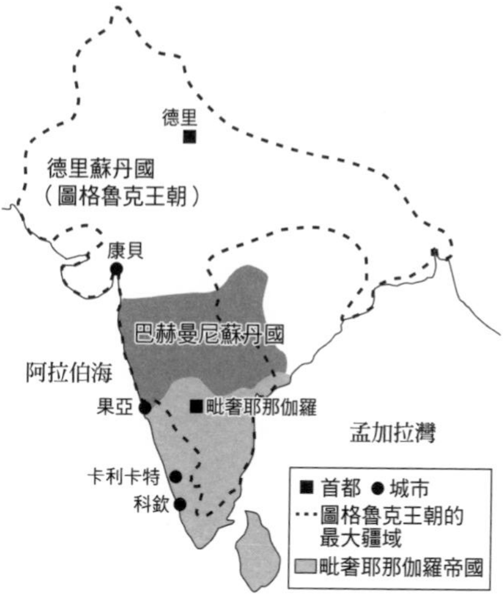

穆罕默德死後，圖格魯克王朝更加衰敗，而致命的一擊就是一三九八年帖木兒（Timur）遠征印度。

帖木兒出生於西察合台汗國的軍人世家，天生擁有卓越的軍事才能，他僅靠自己一代就建立了以中亞為中心的大帝國（帖木兒帝國）。帖木兒進軍印度，擊敗了圖格魯克王朝軍。他在德里大肆破壞和掠奪後，便將善後的工作交給部下基茲爾汗（Khizr Khan），逕自返回祖國。於是圖格魯克王朝實質上已滅亡。

在帖木兒去世後的一四一四年，基茲爾汗侵略德里，徹底消滅了圖格魯克王朝，創立了賽義德王朝。但是，賽義德王朝僅僅只是以帖木兒帝國為宗主國，負責維持德里一帶安穩的王朝。

賽義德王朝連續出了好幾任無能的君主，最後遭到旁遮普地方的領主、阿富汗部族出身的巴赫魯爾・洛迪（Bahlul Lodi）消滅，在一四五一年創立了洛迪王朝。這個王朝的特色是有強烈的阿富汗部落聯盟風格，君主的權力並不大，最後遭到蒙兀兒帝國的皇帝巴布爾（Babur）消滅（詳情參照121頁）。在這段期間，許多阿富汗部落都遷居北印度，在比哈爾和孟加拉建立地盤。

伊斯蘭教的傳播

阿拉伯人四處征戰，使伊斯蘭教不到短短一百年，就迅速往西傳播到伊比利半島、往東傳播到中亞。穆斯林開始以印度境內為據點創建王朝，是在十三世紀初的奴隸王朝，在這之前，許多穆斯林就已經透過商業活動來訪印度。但是，印度境內的穆斯林並沒有大幅增加，因為伊斯蘭教與當時大多數印度人信仰的印度教，風格有很大的差異。

地盤位於印度的穆斯林君主中，甚至有人基於自己的信仰而不惜破壞印度教神廟、強迫印度教徒改宗。不過，穆斯林的人數仍遠遠少於印度教徒，國王害怕強迫

印度教和伊斯蘭教的比較

印度教	宗教名	伊斯蘭教
多神教	神	一神教 （服從唯一的真神阿拉）
崇拜	偶像	禁止
多部	經典	唯一的經典《古蘭經》
輪迴轉世	死後	復活
火葬。骨灰流入河中	遺體	土葬。以備復活
不吃牛肉	飲食	不吃豬肉
種姓	身分	穆斯林在宗教上一律平等

改宗會導致印度教徒一致團結反抗，所以大多採取共存的方針。

因此，國王並未強制人民改宗，而是依循伊斯蘭律法，要求非穆斯林繳納人頭稅「吉茲亞」。這條法律也適用於印度，或許印度教和種姓制度就是因此才得以保留下來。

然而，也有不少原住民認為在穆斯林的統治下，改宗較為有利。除了基於不必繳納吉茲亞稅的經濟考量以外，在種姓制度下遭受歧視的人為了脫離種姓，也會改信伊斯蘭教。

伊斯蘭教在印度得以傳播的其中一個原因，在於名為「蘇非」的伊斯蘭神祕主義者。參加蘇非的活動不需要理解困難的教義，只需藉助神祕體驗與神合為一體。這種思維和深愛神、求神眷顧的巴克蒂運動非常相似。而蘇非的修行也很類似印度教的修行，因此修道場內也聚集了不少非穆斯林。

另一個原因是「聖人信仰」。伊斯蘭教將敬奉聖人視為偶像崇拜，在清真寺裡向神祈禱並不是為了要求利益。但是隨著時代演進，教徒開始積極參拜著名的蘇非聖人陵墓（Dargah），印度教徒等非穆斯林也為了求取聖人的眷顧而開始祈禱。對於熟悉膜拜神像的當時印度人來說，聖人崇拜是很簡單好懂的信仰對象。

這個時代，印度最著名的蘇非聖人是穆斯林學者尼扎穆丁・奧利亞（Nizamuddin Auliya）。他在十三世紀後半到十四世紀前半，於卡爾吉王朝和圖格魯克王朝統治下從事傳教活動，吸引了許多信徒。位於德里的尼扎穆丁廟，至今仍有許多參拜者來訪。

錫克教的創建

前面提到印度教的傳播要歸功於巴克蒂運動，伊斯蘭教的傳播則要歸功於蘇非的活動。不過當中也出現了統合印度教和伊斯蘭教的動向。

其中的代表，就是十五～十六世紀的宗教家迦比爾（Kabir）。他是下層種姓出身，深受巴克蒂運動和蘇非主義（伊斯蘭教的神祕主義）影響，否定種姓的身分歧視、宣揚獻身給神的信仰。根據迦比爾的思想，伊斯蘭教的唯一真神阿拉和印度教的最高神祇毗濕奴，都是相同的存在，兩個宗教的本質都一樣。

與迦比爾身處同時代的另一位著名宗教家，就是古魯・那納克（Guru Nanak）。他受到迦比爾的影響，宣揚崇拜唯一的神、批判宗教上的身分歧視。雖然無從得知這兩人的關係，不過那納克將迦比爾的思想發揚光大，創立了錫克教。「錫克」是「弟子」的意思，引導者則稱作「古魯」，意即「老師」。

那納克利用詩歌來傳播教義，後來確立了錫克教教團的第五代古魯開始編纂這些詩歌，最後由第十代古魯完成了經典《古魯・格蘭特・薩希卜》。

錫克教團在旁遮普建立了哈爾曼迪爾・薩希卜（金廟）作為主要根據地，展開傳教活動。但是在蒙兀兒帝國處死古魯後，教團演變為武裝集團，對抗帝國的迫害。

現在的印度有一・七%的國民是錫克教徒（根據二〇一一年的人口普查），從總人口來看屬於少數；但若是將範圍侷限在旁遮普邦的話，就有超過一半的人口都是錫克教徒。錫克教禁止種姓、苦修、偶像崇拜。其廟宇稱作Gurdwara，非錫克教徒也能參拜，但必須脫鞋、用布遮住頭髮後才得以進入。

繁盛的伊斯蘭文化

德里蘇丹國的成立，使伊斯蘭文化得以在印度拓展。在奴隸王朝初期，國王曾派印度工匠用從印度教神廟拆下來的石材建造清真寺，所以有些柱子上還殘留了印度教神廟的裝飾。在這個時代建成的建築代表，就是艾伊拜克在德里南部建造的，擁有印度最大叫拜樓古達明納塔、印度現存最古老的清真寺——古達明清真寺。這座建築和周圍的建築以「德里的古達明納塔及其古建築」一名，登錄為世界文化遺產。

德里建立起伊斯蘭政權後，從伊朗和中亞逃離蒙古人統治的穆斯林工匠也紛紛移居而來，同時也將圓頂、拱門、彩色磁磚等伊斯蘭特色的建築技法傳入印度。卡爾吉王朝的蘇丹阿拉丁，就曾下令在古達明清真寺的入口建立帶有裝飾和小圓頂的阿拉烏丁拱門。此外，阿拉丁的宮廷朝臣中還有一人，他就是有中世印度最優秀詩人之稱的阿米爾·庫斯洛（Amir Khusrau）。他以民族敘事詩等作品聞名，也是蘇非聖人尼扎穆丁最疼愛的門徒。

由於穆斯林的遺體必須土葬，所以這個時代建造了許多陵墓建築。在德里南部就有多座圖格魯克王朝和洛迪王朝的蘇丹與貴族陵墓。

在十二～十四世紀，波斯語和阿拉伯語的詞彙與德里方言融合，形成烏爾都語。十八世紀，使用烏爾都語的烏爾都文學十分盛行。現在，烏爾都語已成為巴基斯坦的官方語言。

德干與南印度的四個王國

德里蘇丹國在北印度從十三世紀延續到十六世紀初，在這前後約三百年期間內，德干和南印度又有哪些王朝興衰呢？

在十二世紀末的德干，後遮婁其王朝分裂成「蘇納王朝」（後來的雅達瓦王朝）和「卡卡提亞王朝」後隨即滅亡。加上從分裂前就在德干西南部獨立的「曷薩拉王朝」，三個王國互相競爭的狀態持續了大約一百年。

南印度方面，朱羅王朝在十二世紀下半葉逐漸式微，地方領主紛紛獨立。其中在一一九〇年，潘地亞王朝復興，又稱作「後潘地亞王朝」，在一二七九年出兵消滅朱羅王朝。於是在十三世紀，德干以南的印度是四個王朝共存的狀態。

不久後的一三〇七年，前面提到的卡爾吉王朝從北印度進軍南方、侵略四個王國，要求他們進獻納貢，才返回德里。四個王國受到重創，其中雅達瓦王朝更是明顯衰敗，於一三一七年滅亡。

距離卡爾吉王朝侵略約十年後，換成圖格魯克王朝往南侵略，目的是要擴張統治領域。卡卡提亞王朝因此滅亡，潘地亞王朝則是首都淪陷、國土遭到併吞，成了小型國家。曷薩拉王朝成為從屬國，雖然勢力持續衰退，但仍勉強延續了下來。

不過，圖格魯克王朝的統治並沒有持續很久。一三三四年，坦米爾的地方總督獨立，創立了「馬杜賴蘇丹國」。兩年後，德干南部建立了信奉印度教的「毗奢耶那伽羅王朝」。這個王國拓展勢力，併吞了曷薩拉王朝和南邊的馬杜賴蘇丹國，全盛時期的疆域幾乎涵蓋了南印度大半數的地區，之後經歷多次改朝換代，一直延續到一六四九年。

一三四七年，圖格魯克王朝的德干總督獨立，創建「巴赫曼尼蘇丹國」。德干以南從此便由巴赫曼尼蘇丹國和毗奢耶那伽羅王朝兩個王國共立，一直持續到十五世紀下半葉。

巴赫曼尼蘇丹國在十五世紀末迅速衰敗，分裂成有「穆斯林五王朝」之稱的畢拉爾王朝、艾哈邁德訥格爾王朝、比賈布爾王朝、果爾貢德王朝和比德爾王朝。另一方面，在毗奢耶那伽羅王朝全盛時期的十六世紀上半葉，出現了試圖從印度西北部進軍北印度的新興勢力。

大航海時代前的印度洋貿易

在這樣的政治動向中，經濟活動又是如何發展的呢？

在十三世紀朱羅王朝滅亡後的南印度，貿易十分盛行。蘇非聖人利用印度洋貿易，往東南亞傳教。不同於憑藉武力推行伊斯蘭教的北印度，他們在東南亞大致是以和平的手段推廣伊斯蘭教。

從東非到阿拉伯半島、波斯灣、印度之間往來的穆斯林商人，貿易時主要搭乘配備有三角帆的阿拉伯帆船。至於中國的大型木造帆船戎克船，則主要航行在中國和東南亞之間，到十二世紀後半才航行至南印度的港口。

一二九二年，馬可・波羅（Marco Polo）從居留地中國元朝（蒙古帝國在中國建立的王朝）返回祖國威尼斯共和國，曾造訪後潘地亞王朝時期的印度。根據其著作《馬可・波羅遊記》的敘述，「印度人只用右手吃飯」、「不吃牛（肉）」、「用別人的容器喝飲料時不會直接就口，而是從上方倒入口中」，這些習俗至今仍未改變。

此外，書中還提到當地有基督教徒和猶太人，盛產寶石和珍珠，每年會從阿拉伯購買大量馬匹，但管理不當導致馬匹迅速死亡；會進口銅錢、絲織品、丁子（丁香）等香辛料、金銀，同時出口胡椒、生薑、肉桂。在毗奢耶那伽羅王朝等南印度和德干各國，馬是珍貴的進口商品，因為他們在與德里蘇丹國戰鬥時學到了騎馬的重要性。

在毗奢耶那伽羅王朝成立後不久的一三四〇年代初期，摩洛哥出身的阿拉伯旅行家伊本・巴圖塔（Ibn Battuta），在德里旅居了八年後，走訪印度西南部的熱鬧國際港都卡利卡特（現在的科澤科德），目睹了大大小小的戎克船停泊在港口的情景。巴圖塔之後走海路拜訪元朝，回程時又再度行經卡利卡特。他在著作《獻給嚮往城市奇觀和旅行奇蹟的人》（簡稱《伊本・巴圖塔遊記》）中，描述這個時期有中國的白瓷和青瓷等瓷器、絲織品、銅錢運到印度。中國的陶瓷在伊斯蘭文化圈備受珍重，當時是經過印度，轉運到馬木路克王朝統治的埃及。

隨著時代演進，在毗奢耶那伽羅王朝持續統治南印度的十五世紀初，中國的明成祖派遣鄭和率領大艦隊出海遠航，途中曾經停靠印度的港口。這趟大遠航是沿著過去戎克船已確立的航線前進，艦隊主要停泊的印度港口為卡利卡特和科欽（現在的科契）。

當時，印度西岸還有一個貿易據點，就是古加拉特地區的坎貝。坎貝（現在的肯帕德）有穆斯林商人和耆那教徒商人雲集，出口特產的棉布。海洋貿易是治理這座港口的古吉拉特蘇丹國（詳情參照122頁）最大的國家財政收入。

蒙兀兒帝國成立

一四八三年，統治中亞費爾干納（現在的烏茲別克）的小國君主，生下了一名男丁。這個人就是後來創立蒙兀兒帝國的巴布爾。他的祖先是建立了從中亞橫跨至伊朗的大帝國、還入侵印度的帖木兒。

巴布爾在父親死後，年紀輕輕就繼承家業，企圖復興帖木兒帝國。他與內外的敵對勢力抗爭，但卻失敗而將據點遷往南方的喀布爾（現在阿富汗的喀布爾省）。他嘗試東山再起奪回舊領土，卻依然失敗，便將矛頭指向印度的資源。

一五一九年以降，巴布爾多次嘗試進攻印度，趁著洛迪王朝內亂正式出兵遠征。一五二六年，巴布爾率領軍隊在德里近郊的帕尼帕特，和兵力遠在自己之上的洛迪王朝軍開戰，最後成功擊敗王朝軍。洛迪王朝的蘇丹在這場戰爭中陣亡，巴布爾隨即占領德里和王朝的首都阿格拉。這一戰終結了延續約三百二十年的德里蘇丹國，同年「蒙兀兒王朝」（蒙兀兒帝國）建立。順便一提，這個國名是取自意指「蒙古」的波斯語「Mughul」的轉音。

蒙兀兒帝國的歷代皇帝並沒有使用過去德里君主使用的蘇丹稱號，而是改稱作「Padishah」。這個詞在波斯語意指「國王」或「皇帝」，常為當時的突厥蒙古君主所使用。巴布爾自認為是帖木兒的後繼者，才會選用這個稱號。相對於蘇丹是伊斯蘭世界的最高權威哈里發所賜予的稱號，Padishah並沒有宗教上的意味。在統治多民族多宗教的國家時，Padishah 或許是比蘇丹更合適的稱號。

之後，巴布爾陸續擊潰洛迪王朝的殘存勢力，以及割據北印度的拉傑普特各個君主，更進軍東方的比哈爾和孟加拉地區。然而巴布爾在位僅僅四年，於一五三〇年去世了。失去強大領袖的蒙兀兒帝國氣勢並未因此銳減，反而更加高漲。

帝國短暫滅絕

在巴布爾駕崩後，即位為第二代皇帝的長子胡馬雍（Humayun）。但是在胡馬雍登基時，他的統治範圍只有德里一帶和旁遮普地區而已。因為蒙兀兒帝國的根據地阿富汗，是由他的三個弟弟分別治理，而且他們也對皇位虎視眈眈。

胡馬雍面臨的敵人，有統治東方比哈爾的舍爾汗（Sher Khan），以及勢力從古加拉特擴張到德干的古吉拉特蘇丹國君主巴哈杜爾・沙阿（Bahadur Shah）。胡馬雍先是迫使舍爾汗投降，接著也擊敗了巴哈杜爾・沙阿。但是一度臣服的舍爾汗卻又再度起兵反抗，胡馬雍在這第二次戰鬥中敗北，被迫流亡到伊朗的薩法維王朝。之後，舍爾汗擊敗了其他皇子，凝聚軍隊向心力，於是又再度進軍印度。

占領德里的舍爾汗開始自稱為舍爾沙（Sher Shah Suri），在一五四〇年創立了阿富汗系的「蘇爾王朝」。蒙兀兒帝國至此一度滅絕。舍爾沙是個明君，在位短短五年間，不僅擴大了版圖，還實施行政官員分治、貨幣納稅、廢除阻礙商業發展的稅金、鋪設路網、鑄造貨幣等各項改革。由他開啟的這些制度，後來也由蒙兀兒帝國承襲下去。

一五四五年，舍爾沙因為意外喪命後，蘇爾王朝在一五五四年因繼承問題發生內亂。胡馬雍沒有錯過這個大好機會，在薩法維王朝的支援下進攻印度，翌年就奪回德里、消滅了蘇爾王朝。

復興了蒙兀兒帝國的胡馬雍，在一五五六年從德里城內的圖書館階梯跌落身亡，這時距離他睽違十五年重返皇位，只有短短半年。

奠定帝國基礎的大帝

胡馬雍驟逝，其子阿克巴（Akbar）十三歲就登基成為皇帝。他雖然號稱是蒙兀兒帝國首屈一指的明君，但在他登基後，蘇爾王朝的餘黨立刻奪走德里和阿格拉，使其地位十分不穩定。在阿克巴即位初期，是由從巴布爾時代就仕於朝中、來自伊朗的白拉姆汗（Bairam Khan）擔任攝政王，掌握實質政權。不過阿克巴長大後，便排除了白拉姆汗及親族的影響，獨攬大權。

阿克巴對宗教相當寬容，試圖融合穆斯林和印度教徒。他還與信仰印度教的拉傑普特公主結婚，並廢除非穆斯林的吉茲亞稅。阿克巴也對基督教興趣濃厚，曾將天主教耶穌會的傳教士召進宮裡講道。

蒙兀兒皇帝的家譜及其勢力範圍

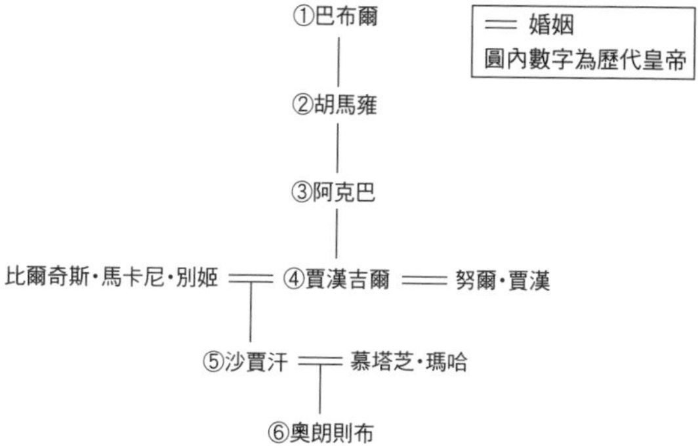

①巴布爾
②胡馬雍
③阿克巴
比爾奇斯·馬卡尼·別姬
④賈漢吉爾
努爾·賈漢
⑤沙賈汗
慕塔芝·瑪哈
⑥奧朗則布
══ 婚姻
圓內數字為歷代皇帝

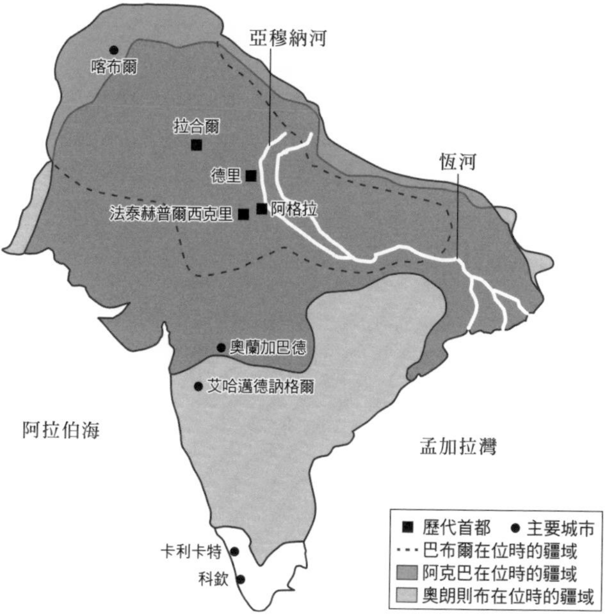

亞穆納河
喀布爾
拉合爾
德里
恆河
阿格拉
法泰赫普爾西克里
奧蘭加巴德
艾哈邁德訥格爾
阿拉伯海
孟加拉灣
卡利卡特
科欽
■ 歷代首都
● 主要城市
巴布爾在位時的疆域
阿克巴在位時的疆域
奧朗則布在位時的疆域

而且，阿克巴和在北印度蘊釀勢力的拉傑普特諸侯締結婚姻或同盟關係，拉攏成為同夥。於是，拉傑普特諸侯逐漸成為支持帝國的貴族。然而，唯獨勢力最大的梅瓦爾土邦仍頑強抵抗阿克巴。即使首都被阿克巴攻陷，梅瓦爾土邦的君主仍流亡到遠方重建國家，在阿克巴在位期間始終保持獨立。

阿克巴之後掌控了德干高原北端和印度西部，擴大了版圖，並且將首都遷到位於阿格拉西方約四十公里處、已建設開發的城市法泰赫普爾西克里。他將政權扎根於印度西部後，便將矛頭轉向東方，在一五七六年征服了孟加拉地區。一五八四年，他為了鎮壓在帝國舊有的根據地阿富汗發生的叛亂，又將首都移到德里西方的拉合爾（位於現在的巴基斯坦），成功平定阿富汗後，又再度將首都遷回阿格拉。

阿克巴就此鞏固了帝國的基礎，被稱為「阿克巴大帝」。但是，他的晚年卻與身為繼承人的長子薩利姆（Nur al-Din Muhammad Salim）不睦。父子關係逐漸惡化，薩利姆殺死了阿克巴信賴的家臣。然而阿克巴的次男與三男早已去世，無從更改繼承人，於是阿克巴就這樣於一六〇五年逝世。

邁向皇帝集權

阿克巴的任期從十六世紀中葉延續到十七世紀初，將近半個世紀，他在這段期間內建立了蒙兀兒帝國的統治體系。

阿克巴建立起名為「曼薩巴德」（Mansabdar）的體制，依照各個位階（manṣab，即官位）麾下擁有的騎兵和馬匹數量，分封相應的土地（Jagir）。曼薩巴德的本意就是「擁有位階的官員」。

曼薩巴德的權利只有封地的徵稅權，不能轉讓封

當時的日本

江戶時代初期正盛行朱印船貿易，商人紛紛派船前往國外。其中一位商人天竺德兵衛搭上荷蘭的船，造訪了印度（天竺）。回國後，他將旅途中的見聞寫成《天竺渡海物語》，後來還改編成歌舞伎和淨琉璃的劇目，非常受歡迎。

地、審判封地內的居民。可徵稅的地租額度是由國家普查土地後區分等級，用銀子繳納生產額的三分之一作為稅金。位階原則上不得世襲，封地的位置也會每幾年更改一次，而且土地四處分散，所以一般都會委託代理人徵稅。於是帝國便從傳統的封建制度，確立了皇帝掌權的中央集權體制。

迎向全盛時期

薩利姆登基成為第四代皇帝後，開始自稱為賈漢吉爾（Jahangir），意思是「世界的征服者」。他的治世繼承了阿克巴的統治體制，目標是擴大德干的統治領域。他與阿克巴無法征服的梅瓦爾土邦和談，結為同盟。

賈漢吉爾幾乎將所有政治事務都交給皇后努爾・賈漢（Nur Jahan）一族處理。努爾・賈漢一族是在阿克巴時代從伊朗而來，在宮廷內當官一展長才。當時的宮廷通用語言是波斯語，又和伊朗的薩法維王朝關係良好，兩國交情甚篤。

一六二七年，賈漢吉爾去世後，其三男赫拉姆（Khurram）在後繼者之爭中脫穎而出，翌年以沙賈漢（Shah Jahan）的名義登基。沙賈漢的意思就是「世界的統治者」。

沙賈漢遠征德干，消滅了艾哈邁德訥格爾王朝，又迫使剩下的比賈布爾王朝和果爾貢德王朝承認帝國的宗主權，納為屬國，幾乎平定了整個德干。但另一方面，他遠征中亞失敗，導致阿富汗遭到薩法維王朝奪占。

不過在沙賈漢的統治下，帝國的疆域擴大，財政收入富足。於是，他將增加的財源投入建築和美術，一六四八年從阿格拉遷都，在德里北部建設新首都沙賈汗納巴德。這就是現在印度首都德里

的一部分「舊德里」。

儘管帝國發展到全盛期，但沙賈漢對宗教缺乏寬容，禁止建設印度教的神廟，甚至還會強行拆除違規的廟宇。此外，隨著統治領域的擴大，曼薩巴德的人數也增加，使國庫支出大增。這一系列的政策，最終成為推倒帝國的其中一個主因。

貨幣經濟的發展

德里蘇丹國在北印度繁榮發展以後，印度再度開始大量鑄造貨幣，經濟發展愈來愈活絡。後續的蒙兀兒帝國時代，除了德里、阿格拉、拉合爾這三大城市以外，各地中小型都市也逐漸變得熱鬧起來。

貨幣流通的背景，在於國際的銀產量大幅增加。十六世紀以後，南美洲陸續發現銀山，日本也出口許多銀。這些銀也經由歐洲流入印度，用來鑄造並發行銀貨。追根究底，蒙兀兒帝國內的稅金本來就是用銀貨繳納，自然需要大量銀子。

當商業變得活絡，除了米、麥、豆等主食作物以外，棉花、靛藍染料、油的原料植物、胡椒、砂糖等經濟作物也開始大量生產。各地出現了特產品，尤其是孟加拉地區的穆斯林薄布（平織的薄軟棉布）、古加拉特地區的更紗（染上花紋的棉織品）和平布（平織棉布）都成了重要的出口品。

毗奢耶那伽羅王朝

十六世紀上半葉的蒙兀兒帝國，還沒有足以征服德干的強大力量，所以將武力都用於平定北印度。當時的德干有穆斯林五王朝共立，南印度的毗奢耶那伽羅王朝則正值全盛時期。

毗奢耶那伽羅王朝到了後期，開始採取封建制度「那亞克制」。這個制度是國王賦予各地的那亞克（領主）徵稅權，相對地那亞克則有納稅和兵役的義務。在制度實施初期，領主會不停更換領地，以免在地扎根培養勢力；但是隨著時代的演進，制度的實行愈來愈鬆散，於是便出現了擁有強大勢力的領主。

毗奢耶那伽羅王朝是印度教王國，但居民和軍隊裡仍有穆斯林。王國領內也有許多港口，在印度西南部的馬拉巴爾栽種的胡椒，就專門出口到葡萄牙。

但是到了一五六五年，穆斯林五國聯軍攻來，毗奢耶那伽羅王朝戰敗。國王逃往南方，首都全毀，遭到洗劫而荒蕪一片。此後，毗奢耶那伽羅王朝雖然一度重建勢力，但各地的領主也紛紛獨立，使王朝日漸衰敗，最終於一六四九年滅亡。首都毗奢耶那伽羅（現在的亨比）仍殘留了神廟和民宅等遺蹟，以「亨比遺蹟群落」之名列入世界文化遺產。

另一方面，德干的穆斯林五王朝解除聯盟，之後因為對立與合併，在十七世紀中葉只剩下比賈布爾王朝和果爾貢德王朝。在南印度，只剩下毗奢耶那伽羅王朝領主獨立創立的馬杜賴納亞克王朝，及其他幾個小型王國。

非穆斯林的抗爭

沙賈汗為蒙兀兒帝國建立了黃金年代，但他的晚年卻十分淒涼。在他病倒後，四名皇子便開始爭奪繼承權。三男奧朗則布（Aurangzeb）打敗了其他三人，並將沙賈漢軟禁在阿格拉堡後，登基成為皇帝。沙賈漢就在軟禁八年後的一六六六年與世長辭。

奧朗則布是非常虔誠的伊斯蘭教遜尼派信徒，所以他對其他宗教採取嚴格管制的政策。首先，他廢除了宮中非穆斯林的儀式和習俗，而這些政策還延伸到宮廷外，他下令拆除許多印度教廟宇，其中包含了印度教聖地瓦拉納西和馬圖拉的神廟，並在原址建立清真寺，引發印度教徒的強烈排斥。

不僅如此，奧朗則布還在一六七九年恢復徵收吉茲亞稅。這件事導致支撐帝國的拉傑普特諸侯反抗，最後發展成為叛亂。別名為拉傑普特戰爭的這場叛亂，一直持續到奧朗則布去世為止，為期三十多年。

最令奧朗則布苦惱的，就是馬拉地人。馬拉地是以現在印度西部馬哈拉什特拉邦一帶為地盤的印度教徒集團。自稱是剎帝利的這支集團，在十五～十六世紀的德干各王國擔任傭兵。

馬拉地出身的希瓦吉（Shivaji）反叛原本侍從的王國，獨占一方與帝國對峙。儘管希瓦吉曾一度投降，但是他在阿格拉堡與奧朗則布的談判破裂，結果直接被軟禁在城堡裡。他好不容易逃脫後，便重整體制，再度與帝國軍開戰。

希瓦吉在一六七四年自立馬拉塔王國，是為初代國王，繼續與蒙兀兒帝國作戰，直到一六八〇年去世。終生對抗伊斯蘭勢力的希瓦吉，至今仍廣受馬哈拉什特拉邦的民眾尊敬，首府孟買的機場和火車站都是以他為名。

帝國式微

在奧朗則布開始遠征德干的一六八一年以後，他再也沒有回到德里，為了指揮遠征軍，他留在根據自己的名字改名的德干城市奧蘭加巴德和艾哈邁德訥格爾。奧朗則布在一六八六年消滅了比賈布爾王朝，一六八七年消滅了果爾貢德王朝，將帝國的版圖擴張到最大。然而，殘存的馬拉塔帝國在希瓦吉逝世後依舊沒有投降，雙方演變成長期戰爭。

在奧朗則布長達五十年的治世後半期，飽受因財政惡化而相繼引發的暴動之苦，導致帝國國力逐漸衰退。國庫直到沙賈漢在位時都還十分充裕，但是在奧朗則布的任期內，曼薩巴德的人數也變多了，卻沒有足夠的新土地可以分封，帝國的支出不斷增加。因此，封地的稅率從生產額的三分之一調升到二分之一，加重了農民的負擔，進而引發暴動。

奧朗則布在一七〇七年去世，享年八十九歲。他承認自己晚年政策失敗，懊悔自己太過長壽。他的遺體葬在奧蘭加巴德近郊的蘇非聖人旁邊，墳墓沒有屋頂，樸素得一點也不像是皇帝陵寢。

在奧朗則布死後，陸續發生了皇位繼承權之爭、諸侯和總督叛離和獨立。在德干以馬拉塔帝國為中心組成的馬拉塔聯盟成為一大勢力，一七三七年甚至壯大到包圍德里。此外在一七三九年，伊朗的阿夫沙爾王朝洗劫了德里，使蒙兀兒帝國的權威更加低落。這一連串事件都發生在奧朗則布死後短短三十多年內。

蒙兀兒建築的傑作

印度、伊斯蘭文化隨著蒙兀兒帝國的繁榮而邁向全盛時期。帝國從初期就和伊朗的薩法維王朝關係和睦，接納許多貴族和文化人士入境。皇帝的母親和后妃很多都是伊朗（波斯）人，宮廷通用語言也是波斯語。帝國的文化特色除了皇家出身的中亞以外，也明顯受到伊朗的影響。

首先在文學方面，創建帝國的巴布爾所著的《巴布爾回憶錄》，就是突厥語的文學傑作。詩人杜勒西達斯（Tulsidas）因信仰《羅摩衍那》的主角羅摩而寫下詩歌《羅摩功行錄》，以及盲眼詩人蘇爾達斯（Surdas）基於自己對大眾最喜愛的黑天信仰而寫的詩歌《蘇爾詩海》，都非常有名。

在美術方面，宮廷十分盛行繪製「細密畫」。細密畫原本是指皇帝的年代記之類的大型手抄本插畫，不過隨著時代演進，原本形式上的插圖轉變成寫實的風格，可以當成一幅畫作來欣賞。不只是皇帝的肖像畫，也有描繪宮廷情景的風俗畫、風景畫與動物畫。

不過，在身為虔誠穆斯林的奧朗則布登基為皇帝後，宮廷繪畫便逐漸沒落，因為伊斯蘭教視繪畫為一種偶像崇拜。於是，皇宮裡的畫家和工匠紛紛轉而投靠地方的諸侯，成為文化在地方發展的一大因素。十六～十九世紀，在拉傑普特諸侯的宮廷裡和旁遮普地區，都非常流行描繪印度教神話的拉傑普特繪畫。

建築和園藝造景在帝國時期也有顯著的發展。建於德里的胡馬雍陵，就受到波斯建築很大的影響。陵墓矗立在用水路劃分成四個部分的夏巴（四分庭園）正中央，不論從哪個角度看都是相同的景觀；可以讓外觀顯得更大的圓頂，則是源自於帖木兒帝國。

阿克巴下令建設的首都法泰赫普爾西克里的建築群，是結合了伊斯蘭建築和印度教建築的傑作。可以看到開放式的結構、建築上方裝飾的卡垂（小亭閣）等蒙兀兒建築的特色。

第五代皇帝沙賈漢，在冠了自身名字的城市沙賈汗納巴德建造了宮殿。這座用紅砂砌成的宮殿外觀通體紅褐，所以稱作「紅堡」（Lal Qila）。此外，他也在德里建造了印度規模最大的清真寺賈瑪清真寺。

在眾多建築當中，沙賈漢為了紀念亡妻慕塔芝・瑪哈（Mumtaz Mahal），而在阿格拉建造的「泰姬瑪哈陵」（意為宮中皇冠）是蒙兀兒建築的最高傑作。一六五四年落成的這座建築，使用大量珍貴的白色大理石砌成，雪白壯麗的外觀非常耀眼奪目。

胡馬雍陵、法泰赫普爾西克里的建築群、紅堡、泰姬瑪哈陵這些蒙兀兒建築的代表作，目前也都全部列入世界文化遺產。

耐人尋味的印度偉人③

有樂聖美譽的音樂家

彈仙

Tān Sen

（1500～1586）

印度傳統音樂形式的奠基者

彈仙是蒙兀兒帝國時代最傑出的音樂家。

彈仙從小就被教育為印度教徒，剛開始出仕其他國家，相傳是蒙兀兒皇帝阿克巴聽聞他的名聲而召入宮中，他才在60歲時成為宮廷音樂家。彈仙卓越的本領深受阿克巴喜愛，得以名列宮廷「九寶」之一，還獲得樂聖的美譽。

用打擊樂器和弦樂器即興演奏並搭配歌唱的印度傳統聲樂「德魯帕德」（Dhrupad），就是由彈仙確立了格式。

彈仙發明的拉格（Raga，旋律調式）為後世所傳承，成為北印度的古典音樂基礎，其子孫還形成了名叫Seniyā的音樂家派系，出色的演奏家和歌手人才輩出。現在的印度，每年12月還會舉行「彈仙音樂節」。

chapter 4

英國的統治

西洋人渡海而來

在蒙兀兒帝國成立前後的時期，歐洲人就已經開始進入印度。在這之前，絲綢、紙、香辛料、陶瓷這些亞洲原產的商品，大多是透過掌握地中海貿易路線的中東穆斯林商人傳入歐洲。不過，由穆斯林商人仲介的商品價格高昂，所以歐洲的王公貴族考慮直接與印度以東的地區貿易，以提高利潤。

其中，葡萄牙的探險家瓦斯科・達伽馬（Vasco da Gama）開拓一條不必經過地中海，而是從非洲大陸南端的好望角繞行至亞洲的航線，並於一四九八年抵達印度西南部的卡利卡特（現在的科澤科德）。而且，葡萄牙軍人阿爾布克爾克（Afonso de Albuquerque）還在一五一〇年，占領了比賈布爾王朝統治的印度西部的果亞，作為葡萄牙在印度洋的貿易中心。當時的葡萄牙在印度到東南亞各地建立了貿易據點，也透過這些地方頻繁與戰國時代的日本貿易。

後來，荷蘭和英國也開始進入印度。在十六世紀下半葉，西班牙併吞了葡萄牙，變得非常強大，但是在與英國的海戰中敗北後，勢力便逐漸衰退。

十五至十七世紀的歐洲人，將現在的印度到東南亞一帶稱作「東印度」，將南北美洲大陸稱作「西印度」。在一六〇〇年，英國王室為了壟斷王室成員與印度的貿易業務，成立「東印度公司」。東印度公司配備有保護商館和貿易船的軍隊，這是因為當時的貿易商人經常遭到敵國和海盜攻擊。從很久以前開始，歐洲的貿易商人就有向航海贊助者募資的習慣，東印度公司也會在每次出航前召募贊助者，後來演變成由持續贊助的人（股東）經營的股份有限公司。其他歐洲各國也紛紛設立同樣性質的公司。例如於一六〇二年創立的荷蘭東印度公司，一開始就是採取股份有限公司的經營模式。

荷蘭和英國各自拓展貿易範圍，最終在東南亞發生衝突。由於歐洲需求量大增的胡椒和其他稀有的香辛料，原產地都在東南亞，雙方勢力會在此爆發衝突是可想而知。一六二三年，荷蘭軍隊在印尼的安汶島上攻擊英國的商館人員，史稱安汶大屠殺。這起事件迫使英國東印度公司撤出東南亞，將活動重心轉移到印度次大陸。回到事件當時，英國在安汶島當地雇用的警衛其實也包含日本人，他們大多是在江戶幕府下令禁止航海出國以前，就已經前往東南亞的日本人。

一六六四年，法國也重建了東印度公司作為國營貿易公司，在印度各地拓展貿易範圍。英國東印度公司為了與法國競爭，在南部的馬德拉斯（現在的清奈）、西海岸的Bombay（現在的孟買）、孟加拉的卡利卡特（現在的科澤科德）設置據點，建構了統治印度南部、西部、東部的「三省區體制」。

印度出口到歐洲的商品，剛開始是以香料為主，不過在十七世紀下半葉以後，英國東印度公司大量進口印度產的棉織品並高價轉賣到歐洲各國，賺取大量利潤。觸感舒適的印度產棉布，就引用知名的港口卡利卡特的名稱，變音稱作「calico」，在歐洲大受歡迎。

外地被占領了！

一七〇七年，為蒙兀兒帝國拓展出最大版圖的第六代皇帝奧朗則布駕崩。之後，蒙兀兒帝國的向心力逐漸低落，德干的馬拉塔聯盟勢力則是增強。一七三九年，帝國還遭到在伊朗創立阿夫沙爾王朝的納迪爾沙（Nader Shah）侵略，首都德里一時淪陷，多數市民慘遭殺害，皇宮的大量財寶遭到洗劫。

同一時期，歐洲的英國和法國對立日漸加深，兩國軍隊最終在印度引發卡那提克戰爭。這場戰爭直到一七六一年總共爆發三次，最後英國贏得勝利。在印度東部，一七五七年孟加拉總督和法軍聯手，與英國東印度公司軍隊開戰，但以戰敗收場。這場普拉西戰役確立了英國對法國的優勢，逐漸擴大英國在印度的統治領域。

在蒙兀兒帝國沒落的過程中，英國東印度公司雇用許多當地人作為士兵，慢慢加強對各地的政治影響力。孟加拉總督米爾・卡西姆（Mir Qasim）因反抗東印度公司的作為，在一七六三年失去總督的地位；但他隨即獲得阿瓦德省長的協助，在一七六四年對英國發起布克薩爾戰役。十五代蒙兀兒皇帝沙・阿拉姆二世（Shah Alam II）也支援卡西姆，但這場戰爭仍是以英國的勝利收場。

沙・阿拉姆二世在翌年與英國簽訂條約，英國東印度公司因此獲得孟加拉、比哈爾、奧里薩的徵稅和財務相關的所有權利，三個省區成為英國實質上的統治領域。起初是採取由當地的稅務官負責的代理統治，不過在一七七二年以後便換成由英國人直接治理，設置總督取代原

18世紀的印度

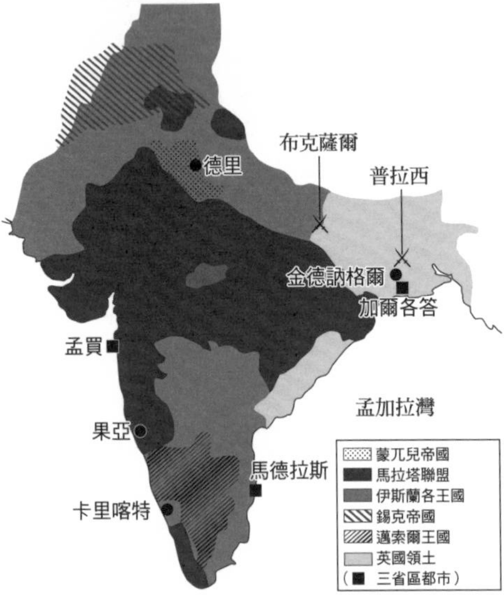

本的首長。東印度公司利用徵收的稅金，零成本購買印度的棉織品、轉賣到英國和歐洲各國，賺進了大筆財富。

殖民統治下的處境

奧朗則布去世後，蒙兀兒皇帝的權威迅速衰微，各地領主的獨立傾向漸強，各自與英國勢力發生衝突。例如邁索爾王國在一七六七年到一七九九年四度與英國東印度公司交戰，馬拉塔聯盟在一七七五年到一八一八年、錫克帝國則是在一八四五年到一八四九年，分別與英國爆發三次和兩次的戰爭。這些衝突分別稱作英邁戰爭、馬拉塔戰爭與錫克戰爭，但所有的戰事最後都是由英國獲勝。

英國透過戰爭更加鞏固在印度各地的統治權，使荷蘭和法國在印度的活動範圍不斷縮小。展現強大勢力的英國東印度公司（以下簡稱東印度公司），允許邁索爾王國、北部喀什米爾地區的查謨和喀什米爾土邦等遵從公司意向的地方領主，擁有一定的自治權。於是，印度除了蒙兀兒皇帝一族僅有的少數統治領域，以及英國勢力直轄的地區以外，地方領主陸續成立「土邦」。土邦的數量最多時來到約五百六十個，其範疇占了印度次大陸約三分之一的面積。

英國在十八世紀下半葉發起工業革命，在一七八〇年代將利用蒸氣裝置運作的紡織機投入實際生產。如此一來，過去從印度進口的棉織品可以在工廠大量生產、提高收益。到了十九世紀後，印度和英國的進出口逆轉，英國產的廉價棉織品大量傾銷進入印度，結果手工製造棉織品的印度手工業者大受打擊，許多因此失業的人變得窮困潦倒。

印度出產的棉織品在英國已經失去銷路，因此東印度公司便把紡織製品的原料黃麻、咖啡、麻醉劑的原料鴉片當作新的出口品，推廣印度農民積極栽種。印度的農村被迫栽培這些經濟作物。

吸收印度的資源而變得富裕的英國，從十八世紀開始便將茶葉當作嗜好品，消費量逐漸增加。英國將本國產的紡織製品出口到印度，同時從中國的清朝進口茶葉，而為了彌補其中的赤字，便將印度採收的鴉片轉賣到中國，建立起三角貿易。鴉片在中國流通後，吸食上癮的民眾愈來愈多，促使朝廷開始大力反抗英國。這件事也導致一八四〇年英國和中國爆發了鴉片戰爭。

普及的新價值觀

當時的印度人，因為立場、地區、語言或信仰上的隔閡很大，所以並沒有「我是印度人」的共同意識。例如印度教徒大多會因賣油商人和家具工匠之類的迦提（職業種姓）而有各自的團體。相同的職業種姓之間會互相交流，但不同種姓之間的接觸管道仍有限。

在農村區域，每個傳統職業的種姓形成的上下關係依舊根深蒂固；但城市裡在英國人手下工作的公務員、法律專家，以及和東印度公司交易的商人愈來愈多，因此王公貴族和一般民眾之間逐漸形成一個新興的中產階級，其結構也會因地區而異。加爾各答的商人主要是印度教徒婆羅門，但孟買的商人主要是穆斯林和少數派的帕西人（祆教徒）。

印度平常使用的語言也非常多樣，基本上印度教徒使用印地語，穆斯林使用烏爾都語。英國人為了更有效率地統治印度，從一八三五年開始在印度各地的學校推廣英語教育，以便培育擁有英國文化和教養的印度菁英階層。兩年後，英語成為全國官方機構和官方文書使用的通用語言，取代了原本蒙兀兒帝國通用的波斯語。

在英國統治下造成的社會變遷之中，有些印度人開始反思種姓造成的身分與性別歧視的問題，其中的代表就是思想家拉姆・莫漢・羅伊（Ram Mohan Roy）。羅伊是婆羅門出身，但他深入鑽研基督教和伊斯蘭教，發起「印度教改革運動」，主張廢除寡婦殉夫、童婚、一夫多妻等習俗。在羅伊的努力下，孟加拉地區在一八二九年公開立法禁止寡婦殉夫。但是，反對這項改革的保守派也十分頑固，在整個十九世紀，就是改革運動和重視古老傳統的保守派之間不斷拉鋸衝突。

大暴動的結局

這個時期的英國在工業革命帶動的工商業發達下，渴望自由貿易的人變多，對東印度公司壟斷貿易利權的作法感到不滿。因此在一八三三年，東印度公司停止商業活動，開放國內大眾自由加入印度和英國的貿易事業。從此以後，東印度公司成為統治印度的機關，由負責治理孟加拉地區的孟加拉總督成為管轄全印度的「印度總督」。這個時期英國製的廉價棉織品普及，導致印度國內的棉產業蕭條，社會更加萎靡不振。

一八五六年，阿瓦德土邦因為沒有男性繼承人，於是東印度公司將其領土併入英國領地。這件事導致其他領主頓時群起反抗英國。

一八五七年五月，在德里近郊的密拉特，東印度公司雇用的西帕依（Sepoy，印度士兵）發起暴動。原因是士兵在為新式的恩菲爾德步槍填裝子彈時，必須用牙齒咬破子彈的包裝紙。包裝紙上塗了動物性油脂，如果是牛油的話，對於尊崇牛的印度教徒來說是無法容許的事；而塗抹豬油的話，又因為穆斯林視豬為骯髒的動物，對穆斯林而言無法忍受。

這件事引發的士兵暴動，從農民延燒到領主，席卷所有階層的人民，一轉眼就蔓延至印度各地，史稱「印度暴動」。這場暴動發生以前，有大量的印度麥餅在村落之間分送，據說農民可能就是利用麥餅來傳遞反英訊息。

叛亂軍占領了德里，進攻東印度公司軍的駐紮地和東印度公司的設施，擁戴早已沒有實權的蒙兀兒皇帝巴哈杜爾・沙二世（Bahadur Shah II）、高呼要恢復蒙兀兒帝國在印度的統治。各地的有力人士也勇敢向英國人宣戰，其中之一就是北部占西土邦的王后拉克什米・芭伊（Lakshmibai），她親自指揮軍隊作戰，儘管出師未捷身先死，但她日後獲得了「印度的聖女貞德」封號，備受人民崇敬。

東印度公司軍隊傾盡全力鎮壓暴動，在一八五七年九月攻陷德里，俘擄了巴哈杜爾・沙二世。年邁的皇帝原本就是以消極的態度協助叛亂軍，隨後被罷黜皇位、逐出德里，蒙兀兒帝國正式終結。東印度公司軍逐一擊潰各地的叛亂勢力，翌年幾乎控制印度全土。

這場大規模起義失敗的原因，在於裝備和組織相較於近代化的東印度公司軍，即使兵力較多，卻欠缺有系統的指揮，且各地區和

宗教勢力之間也沒有合作。不僅如此，在旁遮普地區與穆斯林的統治階級對立的錫克教徒，甚至還加入了英國的陣營。

英屬印度成立

鎮壓暴動後，英國在一八五八年制定了《印度政府改進法案》。這項法案以負起暴動責任為由撤銷了東印度公司，將印度內政的所有權限歸還英國王室，由英國政府直接統治印度。於是，蒙兀兒帝國徹底滅絕，印度成了英國領土。其版圖橫跨現在的印度、巴基斯坦、孟加拉、緬甸。

時任英國君主維多利亞女王（Alexandrina Victoria）開始直接治理印度，基本上她不干涉印度各地區、宗教的習俗，維持土邦領主的自治權，並宣布效忠英國人的印度人可以當官獲得禮遇，試圖取得地方的大地主和王公貴族這些印度的傳統統治階層、都市的中產階級支持。

然而，英國統治的實情卻是搶走了印度的資源。在印度工作的英國官員和軍人的酬勞、英國在印度建設工廠和鐵路的資金、為保護英國人的權利而在印度附近與各國作戰的軍事資金，通通都屬於國內支出，由印度人繳稅來籌措。

而且，為了避免印度人團結起來反抗自己，英國也採取保留地區、宗教、種姓隔閡的分治政策。以印度人軍隊為例，就會分成只有印度教徒的婆羅門組成的部隊、穆斯林部隊，按宗教和種姓來編隊，設計成各個部隊會互相對立的結構。

一八七七年以後，確定由英國國王兼任印度皇帝，因此印度成了「印度帝國」。

同一時期，英國獲得了連結地中海與紅海的蘇伊士運河的經營權，這條運河大幅縮短了歐洲和印度之間的航線，於是英國在印度洋上的貿易、在亞洲拓展的勢力範圍更勝以往。當時的英國不只是印度，也在東南亞、太平洋、中東、非洲大陸不斷拓展殖民地，開始有「大英帝國」之稱。而在背後支持英國擴張領土的，其實是英國動員的印度士兵。

獨立運動的萌芽

在英國統治下的印度上流階級當中，有愈來愈多人在英國學校受教育、留學英國後培養出淵博的學識，成為法律專家、公務員、教師等。以這些知識分子為中心，想要由印度人自己統治祖國的思維逐漸向外推廣，因此民間主張擴大自治權的聲浪愈發高漲。

此時，在親近印度人的英國政治家休姆（Allan Octavian Hume）的協助下，一八八五年在孟買召開了印度國民議會，來自印度各地的七十二名代表齊聚一堂。英國的目的是維持自己的統治體制，同時參考印度知識分子的意見。但國民議會卻違背了英國的期望，發展成追求印度獨立的政治團體，並轉變成「印度國民大會黨」（以下稱國民大會黨），要求開放印度人透過選舉參與政治，原本由英國人獨占的印度高級官員職位，則應改由印度人擔任。

早期的國民議會成員，大多來自很久以前就被英國人統治的孟加拉省，不過其中也有直到最後都反抗英國統治的馬哈拉什特拉省出身者、少數派的帕西人，涵蓋各地人士。但諷刺的是，印度的語言因為地區而有很大的差異，所以國民議會上的通用語言是英文。

在十九世紀末到二十世紀初的印度，恆河下游流域的地方疾病霍亂大流行，還發生了大飢荒，導致許多人死亡。而人民便將這些災難的矛頭指向統治的英國，尤其又以孟加拉地區發起的抗爭最為激烈。於是英國在一九〇五年十月頒布「孟加拉分治令」，劃分孟加拉省中印度教徒較多的地區和穆斯林較多的地區，打算藉此切斷居民的團結。然而，這項措施卻引起人民強烈反彈，拒買英國產品等反英運動變得更激烈，因此英國只好在一九一一年廢除分治令。

英國的總督府長久以來都位在加爾各答，不過同年卻將德里設為首都，在舊街區的東南方建設了西洋風格的城區「新德里」，並設立統治印度的中央機關。這主要是為了解決英國的重要設施偏向印度東部的問題，另外也是因為以加爾各答為中心的孟加拉反英運動十分劇烈的緣故。

孟加拉分治令引起的反對運動，使國民大會黨內的激進獨立派人士大增。但是，穆斯林對組織內握有主導權的印度教徒大為不滿，便在一九〇六年組成「全印度穆斯林聯盟」（以下稱穆斯林聯盟）。英國趁機利用印度教徒和穆斯林之間的對立，親近穆斯林聯盟，以便牽制國民大會黨。

殖民時期的經濟

這時，印度人民的生活狀況又是如何呢？首先，大多數農民都是栽種茶葉、玉米、棉花、鴉片、靛藍染料等經濟作物。其中，英國人經營大規模農園的東北部大吉嶺，成了茶葉的產地，該地栽培的茶葉是最高級的大吉嶺紅茶，在世界各地都很受歡迎。同樣位於東北部的阿薩姆、南部的尼爾吉里也是知名的紅茶產地。然而，經濟作物的利潤全部都進了英國人的口袋，印度人的工資非常低，而且疏於生產日常糧食，結果一發生瘟疫或大規模的天災，飢荒就會迅速蔓延。

另一方面，都市地區在英國人的經營下，工商業快速發達。從很久以前開始，蒙兀兒帝國各地就已經會使用梵語意為「銀」的通貨「盧比」。在一八三五年訂立了英國通貨英鎊和盧比的匯率後，盧比就成為全印度的官方貨幣。除了現在的印度以外，巴基斯坦、尼泊爾、斯里蘭卡等地的通貨也都是盧比。

到了十九世紀下半葉，為了運送英國製品和印度原料，以及軍隊移動之便，即使會對印度財政造成極大的負擔，英國依然開始以年平均二二六一公里的效率鋪設印度鐵路。一八八七年，在孟買落成的「賈特拉帕蒂・希瓦吉・摩訶羅闍終點站」，是展現全盛時期大英帝國財力的壯麗建築，現已列入世界文化遺產。

隨著商業的發達，英國也陸續培育出印度人企業家。以西部古加拉特省為據點的塔塔家族（Tata）於一八六八年創立了商會，後來從棉紡織業開始，逐漸跨及海運、鋼鐵等多種產業，在二十世紀以後發展成為印度最大的財團。從塔塔家族開始，新興企業家當中很多都是從很久以前就經商的帕西人。一九一六年，北部拉賈斯坦省出身的貝拉家族（Birla）以棉紡織業工廠起家，透過多角化經營，發展成

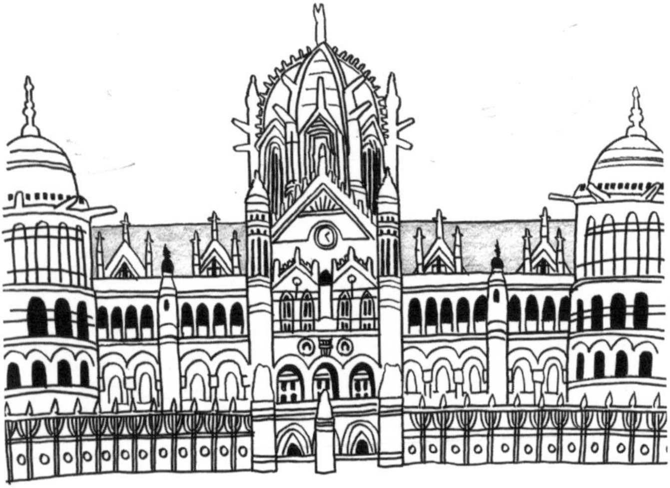

與塔塔家族齊名的大財團。

在十九世紀後半，許多印度商人和工人都前往英國殖民的南非、東南亞、中美洲等地賺錢。現在的千里達及托巴哥、加勒比海的舊英屬島嶼上之所以普遍有咖哩，就是基於這個原因。

移民各國的印度人後代又稱作「印僑」，據說人數多達一、兩千萬人。例如，美國生產音響設備的ＢＯＳＥ公司，創辦人就是印度裔美國人艾瑪爾・鮑斯（Amar Gopal Bose）。在國際名人方面，英國知名的搖滾巨星皇后樂團的主唱佛萊迪・墨裘瑞（Freddie Mercury），父母都是來自印度。英國政府的內閣閣員中，也不乏印度移民的後代。

英國的統治影響了印度之後的文化發展，在運動方面尤其顯著。其中起源於英國的板球，在殖民時期的印度已經普及，現在是印度最受歡迎的運動賽事。四年一度的世界大賽也讓許多印度國民狂熱不已。

祕密專欄

印度的時尚

紗麗的穿法有一百種以上!?

提到印度人的時尚服飾，大家應該都會先聯想到穿著紗麗的女性吧。紗麗是印度和南亞各國的民族服裝，不只是印度教徒，連穆斯林也會穿。其實在很久以前，印度的高貴女性袒露上半身是很普通的事，但是在禁止女性裸露肌膚的穆斯林統治印度後，遮掩上半身用的紗麗便逐漸普及。

紗麗在梵語中是指「細長的布」，穿著方式是將長邊約五公尺的紗麗包裹在身體上。紗麗的穿法少說也有一百種，從素材、顏色、包裹的方法也可以大致判斷出身地區和種姓。

除了紗麗以外，長連身裙搭配長褲的旁遮普套裝（莎爾瓦卡米茲），也很受歡迎。

已婚的印度教女性，有在眉間點上名叫「Bindi」的紅色圓形印記的習俗。不過印度最近出現很多貼紙型的Bindi，顏色不限於紅色，顯得五彩繽紛，而這也成為未婚女性的一種時尚搭配。

印度男性的典型民族服裝，有無領長袖襯衫庫塔，搭配寬鬆的睡褲。不過在印度街頭上，也能經常看到穿著有領西服的男性。

提到特本頭巾，從雕刻作品可以看出是印度自古以來使用的配件，但是在現代的印度街頭卻很罕見。現在還有包頭巾習慣的，主要只剩下錫克教徒而已。

耐人尋味的印度偉人④

堅持與英國抗戰到底的南印度君主

蒂普蘇丹

Tipu Sultān

（18世紀半～1799）

知名科幻小說的角色原型

印度以拉克什米・芭伊為首，有不少人投身於抗英戰爭。南印度的邁索爾王國君主蒂普蘇丹，也是其中之一。

英國勢力逐漸在印度擴張之際，蒂普蘇丹還只是個王子，他協助身為國王的父親與東印度公司軍隊交戰。在1782年發生的第二次英邁戰爭中，他擊敗了東印度公司軍，成功與英國和談。其勇猛果敢的表現，讓他有了「邁索爾之虎」的稱號，令東印度公司軍聞之喪膽。父親去世後，蒂普蘇丹繼承了王位，繼續與英國抗戰，最終於第四次英邁戰爭中陣亡。

19世紀的法國作家朱爾・凡爾納（Jules Gabriel Verne）發表了作品《海底兩萬里》和《神秘島》，書中的關鍵人物尼莫船長，就是參考蒂普蘇丹塑造而成。

chapter 5

獨立與分裂

都已經支援戰爭了……

進入二十世紀後，從印度開始，反英運動逐漸擴散到亞洲和非洲的殖民地；加上德國拓展了勢力範圍，英德之間的對立日漸加深。東亞方面，日本在日俄戰爭戰勝俄羅斯後併吞朝鮮半島；中國的清朝因辛亥革命滅亡，中華民國建國，國際情勢急轉直下。就在這時，一九一四年七月，英、法、俄等國組成的協約國，和德意志、奧地利、鄂圖曼等國組成的同盟國發生衝突，第一次世界大戰就此爆發。

雖然印度並沒有成為戰場，但被英國要求協助參戰。包含兵員、戰場的運輸和土木工程人員在內，總計派出了一四四萬以上的印度人前往歐洲和中東。此外，為了確保軍事資金，印度還調漲稅金，並提供大量衣物、車輛、船舶等物資。

戰爭期間，英國下令不願協助作戰者視同叛國，加強取締印度的反英運動。此舉反而造成印度人的反抗情緒升高，反英運動不減反增。獨立運動領導人之一兼前公務員貝哈里・博斯（Rash Behari Bose），在一九一五年策劃暴動失敗，流亡到日本。當時日本歷經明治維新富國強兵，結果就是在日俄戰爭中打敗列強之一的俄羅斯，因此廣受抵拒列強殖民的亞洲各國關注。

後來，在印度各地活動的反英運動人士決定攜手合作。這時的國民大會黨，分裂成希望與英國協調、改革社會的保守派，和積極推動反英運動的激進派，不過在一九一六年十二月召開的會議上，兩方人馬再度匯合，同時還與穆斯林聯盟締結協定。

對於這個動向，英國政府的印度事務大臣蒙塔古（Edwin Samuel Montagu）為了安撫印度人的不滿，於一九一七年八月頒布了「蒙塔古宣言」，允諾

當時的日本

相當於大正時代的1915年，流亡到日本的印度革命領袖貝哈里・博斯，受到在東京新宿經營餐館中村屋的相馬愛藏保護，繼續支援印度和東南亞各國的獨立運動。這時，由博斯傳授食譜的印度咖哩，成了中村屋的招牌餐點。

將來開放印度人參與政治，並擴大自治權。

一九一八年十一月，以英國為首的協約國在第一次世界大戰中勝利，然而戰爭時期為英國提供大量物資的印度國內，卻因為物資匱乏導致物價飆升，對平民造成很大的打擊。不僅如此，大戰末期傳播全球的流行性感冒（西班牙流感）也在印度大流行，推測多達一七〇〇萬人因此喪命。

在戰爭結束後的一九一九年，英國修訂了印度政府法案，開放印度人參與地方議會和各地省政府的部分事務。但是，這個內容與戰爭時期蒙塔古允諾的自治權擴大相去甚遠。而且英國還試圖壓制反英運動，導入了羅拉特法、允許英國當局免令狀和審判即可將嫌犯逮捕入獄，使印度人的民怨更加高漲。

同一時期的歐美基於對戰爭的反思，開始尊重和平主義與民族獨立，但這個觀點卻不適用於亞洲和非洲的殖民地。因此不只是英屬印度，法屬印度支那、日本統治下的朝鮮等亞洲各地的獨立運動也愈來愈激烈。

戰後的餘波影響到身為戰敗國的鄂圖曼帝國，兼任伊斯蘭教最高領袖哈里發的蘇丹權威跌落谷底。於是，各國穆斯林便以「英國打壓哈里發」為名義而奮起，印度的穆斯林也發起了主張延續哈里發的「基拉法特運動」。

倡導「非暴力」的領袖

那麼，我們將時間稍微往前回溯一下。在第一次世界大戰中的一九一五年一月，有個人從海外回到了印度，他就是莫罕達斯・甘地（Mohandas Gandhi）。甘地是土邦的大臣之子，青年時期留學英國，取得律師資格以後，一邊當律師、一邊參與英屬南非的反英運動。回國後，他加入國民大會黨，開始引領印度的獨立運動。

在運動推展期間，甘地採取「非暴力不合作」的方針。這項方針在十九世紀中葉以後，在北印度的印度教徒之間用標準語言印地語稱作「Satyagraha」，意思是

「真理與愛的力量」。國民大會黨也採納此方針，拒絕和英國公務員合作、拒絕納稅，並號召英國人任命的職員罷工。國民大會黨從很久以前就開始抵制英國產品、推動愛用國貨的運動（Swadeshi），甘地則更進一步推廣拒買英國製布料、靠自己手工紡紗織布。我們之所以會看到甘地織布的照片，正是基於如此背景。

國民大會黨的幹部大多是接受英式教育的菁英階層，身穿西服。不過，甘地卻穿著樸素的傳統服裝，步行到各地農村呼籲民眾加入反英運動。甘地本身是屬於富裕商人種姓（吠舍）的印度教徒，但他仍批判種姓制度對賤民的歧視；他也積極和穆斯林合作，主張超越身分和宗教的框架，要以「印度人」的身分團結起來。

就在對英國的不合作運動愈演愈烈之際，一九二二年二月，發生了一件令甘地意想不到的事。和警方爆發衝突的農民不僅放火燒了警察局，還殺死了警察。甘地因此指示停止運動，卻引起國民大會黨內意見分歧。翌月，甘地以危險分子的罪名遭到英國警察逮捕，反英運動暫時停擺。

目標是完全獨立

甘地被逮捕後，國民大會黨中重視不合作運動的派別，和重視大會活動的派別形成對立情勢。此外，以印度教徒為主的國民大會黨，和穆斯林聯盟之間的理念差異也逐漸浮上檯面。

在這個狀況下，英國發起憲政改革調查委員會，調查實施印度政府法案後的印度局勢，預計作為下次修訂法案的參考。雖然這個委員會的宗旨是討論印度今後的走向，但會中卻不包含印度人。因此，憲政改革調查委員會的委員在一九二八年來到印度後，便引發了大規模的抗議示威行動。

國民大會黨、穆斯林聯盟及其他印度各個團體，制定了憲法草案，以便對抗英國提出的方針。這份草案是以律師兼國民大會黨幹部的莫逖拉爾・尼赫魯（Motilal Nehru）為代表的成員所擬定，所以又稱作「尼赫魯憲法」。但是，原案並沒有主張脫離英國完全獨立，而是只想升格成為自治領，還停留在爭取人民主權、議會制民主、普通選舉的程度。

同一時期，女性參政的計畫也在推行當中。在擔任國民大會黨議長的詩人沙拉金尼・奈都（Sarojini Naidu）等人的努力下，印度各地的省議會都導入了女性參政權。儘管選舉權僅限於富裕階層的女性，但是和女性根本沒有選舉權的亞洲各國相比，已算是很先進了。

我們自己來製鹽！

一九二九年，美國紐約股市的股價暴跌，連帶影響到歐洲和亞洲各國，許多國家的投資和進出口業務都一蹶不振。這就是全球大蕭條的開始，這股全球經濟蕭條的餘波也同樣波及了印度。英國為了順利治理印度，宣布將會給予自治權，並且召開討論印度政府法修訂案的會議（圓桌會議）。同年十二月，國民大會黨在拉合爾召開黨大會，決定採取印度完全獨立的方針，以出獄的甘地為中心，重新推動非暴力不合作運動。

重啟反英運動的甘地並沒有主張印度即刻獨立，而是要求英國改革政治和經濟，以救濟貧苦的民眾。具體內容有減稅、減少軍事經費、開徵關稅以保護印度的紡織產業，並廢除英國的食鹽專賣權。其中，飲食必備的食鹽製造、銷售權是由英國壟斷，問題格外重大。

然而，英國對此要求並沒有明確表態接受。於是甘地進一步號召大眾拒絕向英國人買鹽，並且在一九三〇年三月，與數十名同志一起從印度西部城市亞美達巴德，徒步南下到丹迪海灘，走完全長三八〇公里的路線，因此這場運動又被稱作「食鹽進軍」。在行進途中，甘地與各地人士交流，呼籲他們拒絕向英國人買鹽、自行煮海水製鹽。

莫逖拉爾・尼赫魯的兒子賈瓦哈拉爾・尼赫魯（Jawaharlal Nehru）等國民大會黨的激進獨立派，對於甘地投入製鹽活動更勝於獨立運動，感到非常奇怪。然而，以食鹽這種生活必需品作為運動的主軸，卻能讓非暴力、不合作運動並不僅限於城市的菁英階層，而是贏得各階層民眾的支持。甘地在同年五月再度被捕，但食鹽進軍的新聞在海外大肆報導，於是全世界都知道了印度的獨立運動。

國民大會黨因為甘地被捕，而杯葛英國發起的圓桌會議。翌年九月召開的圓桌會議上，雖然甘地出席與會，但是並沒有任何斬獲。

各懷鬼胎

甘地和尼赫魯等國民大會黨的幹部除了獨立以外，也面臨了印度國內複雜的社會問題——印度教徒和穆斯林的對立、賤民的地位提升，以及產業發展造成資本家、地主與貧困階層的落差。

其中，印度教徒和穆斯林的對立愈來愈嚴重。穆斯林聯盟為了在穆斯林較多的地區維持自治權，期望採取各省擁有較大權限的聯邦制；另一方面，國民大會派擁護的尼赫魯憲法中，則是預設了中央政府擁有較強的權限。因此，穆斯林聯盟的領袖穆罕默德・真納（Muhammad Ali Jinnah），便逐漸轉向讓穆斯林較多的地區分離獨立的立場。

在印度教徒當中，賤民的就業和生活場所處處都受到限制，幾乎沒有政治上的發言權。因此，律師比姆拉奥・阿姆倍伽爾（Bhimrao Ramji Ambedkar）便代表賤民階層出席圓桌會議，向英國政府要求在印度的中央議會和地方議會，都應設立賤民階層的議員保障席位。然而，甘地認為這個作法反而會更加鞏固賤民的地位，於是和阿姆倍伽爾發生爭執。最後法案通過，印度教徒的選區內為賤民保留了一定數量的議席。

主張分治的英國眼見穆斯林聯盟、阿姆倍伽爾等人與國民大會黨分別前來協商，認為這是個大好機會，打算趁機削弱國民大會黨的勢力。

在民間方面，則是發生了大範圍的政治相關活動。經過第一次世界大戰、擴大事業規模的塔塔家族和貝拉家族這些資本家，都支援國民大會黨，工廠工人和地方農民則紛紛組成了工會和農會。這些活動的背景，起因於帝制瓦解後的俄羅斯，鼓吹由工人和農民領導國家的共產黨執政後，促使勞工運動在世界各地發酵。一九二〇年代組成的印度共產黨，就批評甘地的非暴力路線，主張用軍事武力解放印度和社會革命。

擴大自治權後

一九三五年，擴大選舉權的新印度政府法案成立。根據這項法案，中央政府依然是由英國人一手掌握大權，但各地省議會是由選舉中選出的印度議員主持。不過，省政府的最高權力首長仍是英國人，擁有左右人事和政策的權限，英國對偏遠地區仍有影響力。此外，原本政府打算採取各地方政府和土邦組成的聯邦制，但許多土邦君主拒絕加入，因此未能實現。

於是在一九三七年，舉行了以新印度政府法案為依據的省議會選舉。結果，全國十一省當中，有七省是國民大會黨的候選人當選議員，成為多數派。

國民大會黨好不容易邁出了一大步，但黨內依舊因為出身地區和政策方針的差異而持續鬥爭。當選國民大會黨議長的實力人士錢德拉・鮑斯（Chandra Bose），強烈主張激進的社會改革、武力抗英、印度即刻獨立，因而與甘地和尼赫魯決裂，退出國民大會黨。

另一方面，在穆斯林居多的孟加拉省和旁遮普省等地，則是穆斯林聯盟的議員為多數派。但是，國民大會黨在整個印度仍占有優勢，所以在各地議會中，少數派的穆斯林只能遵循國民大會黨的政策方針，因而愈發不滿。為了改變現狀，甘地和真納多次協商，但未能取得共識。

一九三五年以前，英屬印度的版圖也包含緬甸，但英國為了維持自己在緬甸的影響力，在新印度政府法案中將緬甸從印度劃分出去。

第二次支援戰爭

人民運動成功推動印度走向自治，同時世界各地的局勢又開始動盪起來。經濟大蕭條讓英國和法國為了保護本國的經濟範圍，採取集團經濟政策，管制本國與殖民地以外的貿易，使印度及其他英國殖民地幾乎沒有其他國家的商品進口。結果，被集團經濟排擠的日本和德國陷入嚴重的不景氣。於是，兩國為了扭轉局面來擴大本國的經濟範圍，發動戰爭的呼聲愈來愈高。

一九三七年七月，駐北京的日軍和中國軍爆發衝突，中日全面開戰。日本在中國境內不斷擴張占領區，與支持中國的英國和美國關係迅速惡化。

歐洲方面，仇視英國和法國的納粹黨在德國執政後，併吞了鄰國奧地利、不斷擴張領土。起初英國和法國都默許了德國的作為，但在一九三九年九月德軍入侵波蘭後，決定正式向德國宣戰，第二次世界大戰爆發。

在英國統治下的印度自然被迫參戰，並且再度被英國勒令協助作戰。國民大會黨雖然表態對抗與英國敵對的德國等勢力，但卻拒絕支援戰爭；他們也質問英國政府是否會在印度援戰後承認獨立。結果，各省推派的國民大會黨閣員被迫總辭。

最後印度仍然協助英國作戰，但決定一般經費和保衛印度以外的軍事資金，全部都由英國自己支出。因此，英國在戰後反而欠了印度龐大的債務（貸款），大戰後的英國和印度經濟關係徹底反轉。

退出印度

在第二次世界大戰中，國民大會黨消極處理對英國的戰爭支援事務，但穆斯林卻十分積極。因為他們在在印度屬於少數派，認為協助英國作戰有助於提高自己的聲量。穆斯林聯盟基於這個方針加強團結，在一九四〇年三月發表「拉合爾決議」，內容是要讓穆斯林居多的印度西北部和孟加拉地區脫離印度的獨立宣言。

印度不是只有內憂，外患也逐步逼近。一九四一年，日本向英國宣戰，在包含英屬馬來亞在內的東南亞擴張占領地，翌年三月進攻英屬緬甸，展現出即將叩關印度的氣勢。

苦於應戰的英國有美國當靠山，便派遣使團到印度，要求印度積極協助作戰，回報是戰後創立印度聯邦、大幅擴大自治權。但是，英國卻遭到堅持即刻獨立的國民大會黨，以及要求建立伊斯蘭國家的穆斯林聯盟反抗，使節團只能放棄要求更進一步的戰爭支援。

堅定立場的國民大會黨於一九四二年，在甘地的主導下要求英國立即撤離印度，通過「退出印度」（Quit India）的決議，並宣稱如果英國不承認這個決議，就會以非暴力的手段繼續抗爭到底。英國當局隨即便下令逮捕甘地和尼赫魯等國民大會黨的領導者入獄，同時判定國民大會黨為非法組織（直到一九四五年，才重新恢復為合法）。

英國的應對態度點燃了民眾的怒火，於是開啟大規模的反英運動「退出印度」。這場運動一直持續到二戰結束前一年。另一方面，真納批判這場運動，並且在國民大會黨被判定為非法組織時，趁機拓展了穆斯林聯盟的勢力。

退出印度運動在印度展開的一九四三年，正在國外活動的錢德拉・鮑斯在日本占領下的英屬新加坡，成為脫離英軍的印度士兵和當地加入的印度人組成的印度國民軍的指揮官。鮑斯宣布成立自由印度臨時政府，自任為首位元首。印度教徒和穆斯林都一同加入了國民軍。翌年，日軍為了切斷同盟國軍支援中國的補給路線，便發動戰爭試圖攻略印度東部的因帕爾，結果作戰失敗，死傷慘重。

鮑斯在德國和日本戰敗後，計劃在一九四五年八月流亡到蘇維埃聯邦（蘇聯），搭上預定從臺灣行經中國東北大連的陸軍戰機，結果因為飛機在起飛時墜毀而猝逝。

當時的日本

在日本戰敗的翌年，召開了由同盟國主導的遠東國際軍事法庭（又稱東京大審）。各國都派了法官參與，其中也包含印度律師帕爾（Radhabinod Pal）。其他法官都判處被告的日本有罪，唯有帕爾主張被告無罪。

終於實現獨立

一九四五年五月德國、同年八月日本相繼投降，第二次世界大戰最終是同盟國勝利。以英國為首的同盟國在戰爭時期，批判德國和日本侵略他國，卻同時要求各殖民地協助作戰。他們再也無法正當化自己在殖民地的統治，印度的獨立運動也愈來愈熱烈，況且，繼續在殖民地駐軍也是龐大的財政負擔。

一九四六年二月，印度海軍在孟買發起暴動，市民也響應罷工。但是，國民大會黨和穆斯林聯盟並不支持武力抗爭，於是叛亂軍僅僅數天就停止了罷工行動。

這起事件震撼了英國。他們原以為即使運動白熱化引起大規模的暴動，只要出動軍隊鎮壓即可，但這次卻是軍隊本身發起暴動，令英國開始傾向承認印度獨立。

然而，印度內部的協商卻窒礙難行，無法決定是要讓完整的英屬印度版圖獨立，還是劃分出穆斯林居多的地區個別獨立。英國政府派遣使節團到印度，分別向印度教徒居多的省和穆斯林較多的省，提出個別擁有較大自治權的共存方案，以及讓穆斯林居多的區分離獨立的方案。

一九四六年九月，在過渡到完全獨立的前一階段，由尼赫魯擔任過渡期中間政府的臨時元首。甘地雖然反對分離獨立，但由尼赫魯率領的國民大會黨，和真納率領的穆斯林聯盟，兩方之間的鴻溝愈來愈深，曾任印度總督的蒙巴頓（Louis Mountbatten）也支持分離的方案。一九四七年七月，英國議會通過《印度獨立法》，宣布將在一九四八年六月讓印度獨立。不過，在這段期間內，印度各地發生多起印度教徒和穆斯林的衝突事件，因此才將獨立的日程提前到同年八月。

於是，在一九四七年八月十五日，印度獨立，尼赫魯正式成為印度的總理。八月十五日這天定為獨立紀念日，也成為現在印度的國定假日。

獨立前一天的十四日，穆斯林較多的地區率先分離，建立巴基斯坦。巴基斯坦這個國名是由東部旁遮普省的P、西部接壤的阿富汗的A、喀什米爾的K、伊斯蘭教的I、臨阿拉伯海的信德省的S、西南部俾路支斯坦的字尾TAN所組成，在臨近印度邊界的穆斯林使用的烏爾都語中意指「聖潔的國家」。

在分離之際，許多穆斯林紛紛從印度遷徙到巴基斯坦，巴基斯坦的印度教徒遷至印度，據說難民人數高達一千二百萬，暴動更導致一百萬人犧牲。

印度獨立大大刺激了同樣受到列強統治的亞洲各國，一九四八年英屬緬甸脫離英國，一九四九年印尼脫離荷蘭，一九五三年寮國和柬埔寨脫離法國而獨立。

印度的宗教人口

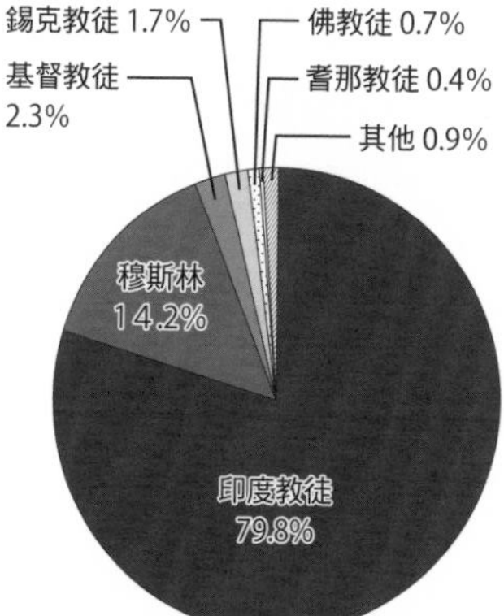

※引用自 2011 年「人口普查」

耐人尋味的印度偉人⑤

代表近代印度的詩人

羅賓德拉納特・泰戈爾

Rabindranath Tagore

（1861～1941）

亞洲首位諾貝爾獎得主

有詩聖之稱的泰戈爾，出生於孟加拉地區的中心都市加爾各答的婆羅門家庭。他從小就接觸古典文學，17歲時遠赴英國留學。歸國後，他創立了學校，推動青年教育和農村改革運動，並且努力提升當地貧困農民的地位，同時也發表了詩歌、小說、劇本作品。

在英國的統治下，泰戈爾也透過文學作品來傳達對土地和傳統文化的愛，推廣民族尊嚴，他也和主導獨立運動的甘地互有交流。

泰戈爾在1910年發表的詩集《吉檀迦利》（獻給神的讚歌）獲得極高的評價，還在1913年榮獲亞洲人第一座諾貝爾文學獎。此外，由他作詞作曲的《印度之晨》（Jana Gana Mana，又名「人民的意志」），在1950年成為印度的國歌；由他作詞的《金色的孟加拉》，則成為孟加拉人民共和國的國歌。

chapter 6

大國的歷程

獨立國家的處世之道

獨立後的印度，起初是以英國國王為名義上的國家元首，將國號定為「印度聯邦」。廣大的印度包容了多元民族和宗教，所以才會採取各邦政府擁有較大權限的聯邦制。

一九五〇年一月二十六日，憲法生效。這部「印度憲法」承襲了《新印度政府法》案和《印度獨立法》，是全世界獨立國家當中篇幅最長的成文憲法。在憲法生效以後，印度維持聯邦制、改名為「印度（聯邦）共和國」，由聯邦議會選出的總統擔任國家元首。總統雖然是行政機關的首長，但實質上這只是名譽職位，實權是由率領下議院的多數派政黨的聯邦總理掌握。尼赫魯出任首屆總理，首屆總統則是由國民大會派的資深幹部拉金德拉・普拉薩德（Rajendra Prasad）當選。

同一時期建立的巴基斯坦，是以英國國王為名義上國家元首的自治領，由真納就

印度的政治架構

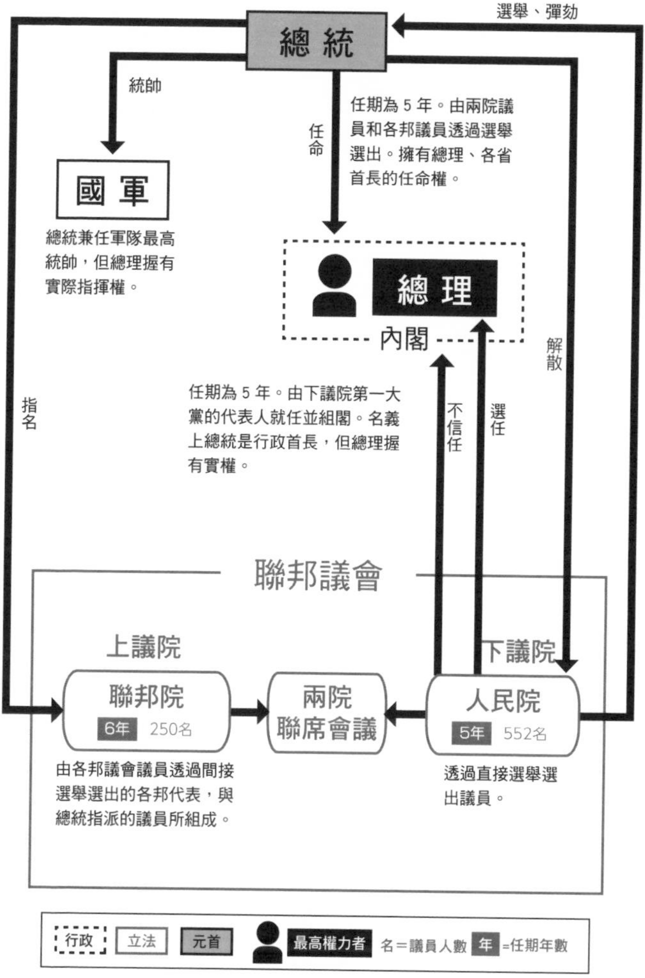

選舉、彈劾
總統
統帥
任命
任期為 5 年。由兩院議員和各邦議員透過選舉選出。擁有總理、各省首長的任命權。
國軍
總統兼任軍隊最高統帥，但總理握有實際指揮權。
總理
內閣
解散
指名
任期為 5 年。由下議院第一大黨的代表人就任並組閣。名義上總統是行政首長，但總理握有實權。
不信任
選任
聯邦議會
上議院
聯邦院
6年 250名
兩院聯席會議
下議院
人民院
5年 552名
由各邦議會議員透過間接選舉選出的各邦代表，與總統指派的議員所組成。
透過直接選舉選出議員。
行政
立法
元首
最高權力者
名＝議員人數
年 =任期年數

任為相當於實質總統的初代總督。一九五六年，體制轉移成共和政體，國名改為現在的「巴基斯坦伊斯蘭共和國」。

印度的聯邦議會是由上議院和下議院組成，下議院預留了議席給政治聲量較弱的少數民族和特定種姓（賤民）。一直到一九六〇年代，議會仍由國民大會黨占多數席位。舊穆斯林聯盟的幹部已轉移到巴基斯坦，但印度國內的穆斯林仍組成了後繼政黨印度聯合穆斯林聯盟。除此之外，還有地盤在南部的達羅毗荼進步黨（達羅毗荼進步聯盟）等地區政黨、主張激進社會改革的印度共產黨，有好幾個政黨。

自印度和巴基斯坦獨立至今，加拿大、澳洲、新加坡等曾是英國殖民地的國家，都隸屬於以英國為中心的大英國協（Commonwealth of Nations）。

印度和巴基斯坦終於一償獨立的夙願，但兩國卻在獨立後馬上爆發衝突。導火線是在英屬時代超過五百個土邦當中，有些地方並沒有隨著獨立而釐清是要歸屬印度還是巴基斯坦，留下了許多未劃清國界的地區。

其中的代表例子，就是北部喀什米爾地區的查謨和喀什米爾土邦。該地的君主是印度教徒，但七五％的人口都是穆斯林，因此難以決定要歸屬印度還是巴基斯坦。在剛獨立的一九四七年十月，印度軍和巴基斯坦軍因為喀什米爾的主權問題而發生衝突，第一次印巴戰爭爆發。在第二次世界大戰後成立的聯合國呼籲兩國停戰，於是雙方在一九四九年一月停戰，印度和巴基斯坦將喀什米爾一分為二。

統治德干高原南部廣大地區的海德拉巴土邦，君主是穆斯林，但有八五％的居民都是印度教徒。君主抗拒併入印度，但印度政府仍在一九四八年九月派軍併吞了海德拉巴土邦。

在獨立後陸續發生的印度教徒和穆斯林的衝突當中，獨立的功臣之一甘地親自走訪印度各地，遊說民眾消弭宗教對立。但是這個行動引發部分印度教徒的強烈反彈，甘地在一九四八年一月三十日遭到印度教徒青年刺殺身亡，享年七十八歲。隔日舉行的國葬，有超過兩百萬民眾前來追悼。他的遺體火葬後，骨灰撒入恆河。在德里市公園內舉行火葬的地點，在國喪後也豎立起慰靈碑（Raj Ghat），至今仍有許多人前來緬懷。

印度國民對甘地十分崇敬，除了親暱地稱他為「父親」，還尊稱他為「聖雄」（Mahātmā）。他的生日十月二日被定為印度的國定假日，許多紙幣也都印有甘地的肖像，甘地的出生地古加拉特邦的首府，還改名為甘地納加（意指甘地之城），用以歌頌他的功績。

甘地的影響力並不僅限於印度國內。一九五〇～六〇年代主導美國人民權運動的金恩牧師（Martin Luther King, Jr.），就深受甘地的思維感召，因而展開了非暴力抵抗運動。

一九四八年九月，巴基斯坦總督真納病逝。印度次大陸的兩個政權相繼失去了領袖，開始邁向新的歷程。

政黨政治的第一步

尼赫魯率領的國民大會黨政權，獲得包括印度教徒以外的少數派在內的廣泛國民支持，於是以政教分離作為國策，開始經營國家。

印度及其他在第二次世界大戰後獨立的亞洲各國，在一九六〇年代以前，工業規模多半很小，民間企業並沒有充足的生產力，因此通常會採納社會主義的要素，由政府決定一元化的工業生產數值及資源的分配，印度也採取了這種計畫經濟政策。第一個目標，就是將過去需要從英國等先進國家採購的機械類、車輛、日用品等工業製品國產化（進口替代工業化）。

一九五一年四月，印度開始實施第一個五年計畫，包括擴大農業生產、建設電力和交通路網等公共設施、為貧窮階層建設新住宅等政策，開墾了新農地，陸續建造發電廠和鋪設道路。

在法治方面也有新的動向。在印度獨立前後的時期，以法務部長阿姆倍伽爾為中心起草的憲法，明確記載廢除種姓造成的差異。阿姆倍伽爾將這個條文更進一步拓展，在印度獨立翌年向議會提案成立近代化的家庭法，裡面包含男女皆有財產繼承權、結婚與離婚自由、廢除一夫多妻制、保障不同種姓的自由婚姻等要素。但是，在保守的印度教徒強烈反對下，改革並未成功，阿姆倍伽爾因此脫離了政府。

後來，阿姆倍伽爾開始關注否定種姓歧視的印度本土宗教佛教，呼籲許多特定種姓改信佛教，並親自皈依佛教。基於這種思想加入的佛教徒，就稱作新佛教徒。這場印度佛教復興運動，在阿姆倍伽爾死後仍慢慢擴大，在一九八〇年以後，由歸化印度的日本僧侶佐佐井秀嶺（印度名為Arya Nagarjuna）擔任印度佛教徒的代表人物。

問題百出的對外關係

戰後的國際社會，逐漸形成以美國為中心的自由主義陣營（西方各國），和以蘇聯為中心的社會主義陣營（東方各國）對立的局面，也就是所謂的冷戰體制。印度採取不屬於任一陣營的非同盟中立政策，目標是與同樣在戰後脫離大國統治的亞洲、非洲、中東各國合作。

一九四九年，取代中華民國的地位建國的中華人民共和國（以下稱中國），掌握了中國大陸的主導權。印度的國境與中國鄰接喜馬拉雅山脈的西藏一帶接壤，兩國的勢力範圍有一部分尚未劃清。因此在

當時的日本

日本在1951年簽訂舊金山和約，和許多國家正常建交，翌年與印度簽訂「日印和約」。之後，日本開始對印度採取經濟支援，2004年以後，印度成為日本政府開發援助（有償資金協助）當中最大的受益國。

一九五四年四月，尼赫魯與中國總書記周恩來會談，雙方皆同意以互相尊重領土和主權、互不侵犯、互不干涉內政、平等互利、和平共處的「和平共處五項原則」。

一九五五年四月，召開了以印度、中國、埃及、印尼為中心的「第一次亞非會議」。伊朗、衣索比亞、泰國、土耳其等二十九個國家皆出席與會，日本也派出代表擔任沒有表決權的觀察員。在亞非會議上，除了和平共處五項原則以外，還提出反對侵略戰爭、合作促進彼此利益的「和平共處十項原則」。

然而沒多久，印度和中國的關係卻走向惡化。中國擔憂藏傳佛教的領袖第十四世達賴喇嘛（14th Dalai Lama）鼓吹西藏獨立，迫使他流亡印度；但印度容許第十四世達賴喇嘛的活動，因而遭到中國譴責。此外，印度與中國接壤的喀什米爾東部主權問題，也隨之浮上檯面。

一九六二年十月，喀什米爾地區爆發中印邊界衝突，戰火延燒大約一個月後，中國占據了優勢，雙方停戰。之後，中國開始加強與印度對立的巴基斯坦的外交關

喀什米爾地區（2020年時）

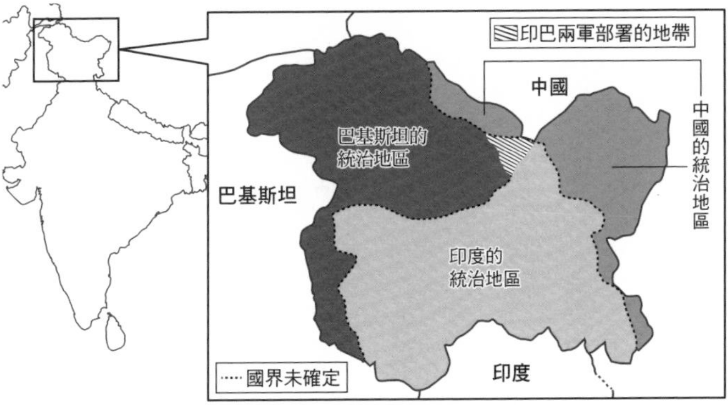

係，印度則是靠攏同為社會主義陣營、當時與中國敵對的蘇聯，藉此抗衡。這時，印度也疏遠了軍援巴基斯坦的美國。

另一方面，在真納死後，巴基斯坦政治局勢持續動盪不安。一九五八年十月發生了政變，穆斯林聯盟垮台，國內成立了軍事政權。

一九六五年八月，受到中印邊界衝突的影響，又再度引發了第二次印巴戰爭，不過在聯合國的努力下，於同年九月停火。從此以後，喀什米爾地區包含了印度、巴基斯坦、中國實質統治的地區，三國軍隊至今仍在當地持續對峙。

這個時候的印度並沒有加入任何軍事同盟，必須單槍匹馬對抗有美國作後盾的巴基斯坦，以及中國的軍事威脅，所以只能設法將以前就已經展開的核子動力研究轉作軍事用途，斷斷續續地進行核子實驗。

第一次政權輪替

從印度獨立以前就引領印度政治的尼赫魯，於一九六四年五月逝世，全國舉行國葬。兩年後，尼赫魯的女兒英迪拉・甘地（Indira Gandhi）就任為總理。甘地是她丈夫的姓氏，和有「聖雄」之稱的莫罕達斯・甘地家族沒有血緣關係。尼赫魯家族至今在印度政壇依然有很大的影響力，因此印度的政治體制又稱作「尼赫魯・甘地王朝」。

這段時期發生了通貨膨脹造成的經濟動盪，農業盛行的比哈爾邦發生乾旱，導致

尼赫魯－甘地家族的家譜

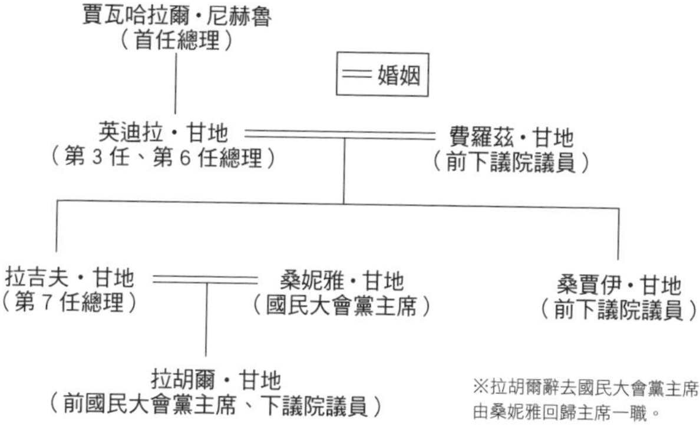

※拉胡爾辭去國民大會黨主席後，由桑妮雅回歸主席一職。

嚴重的飢荒蔓延，民眾對國民政府的不滿日漸升溫。而且到了這個時代，教育制度和經濟實力都有所提升，加強中下階層種姓的政治發言力。在這個背景之下，國民大會黨於一九六七年大選的議席大幅減少。共產黨、主張印度至上主義的印度人民同盟（Jana Sangh）在各地躍進，好幾個邦政府都是由國民大會黨以外的政黨執政，與中央政府對立。

成為眾矢之的的英迪拉為了打破這個局面，提出「驅逐貧窮」的口號，迎戰一九七一年的大選，結果大獲全勝、得以維持政權。同年八月，她接受蘇聯的要求，簽訂印蘇友好合作條約。這份條約並未涉及軍事領域，而是宣布外交、經濟、科學領域上的合作。英迪拉強調這並不是同盟關係，也不是非同盟中立政策的轉型。

經濟政策方面，政府強化了貿易和價格管制、主要銀行國有化、限制財團活動等社會主義式的方針；但民間企業之間的競爭並沒有成長，經濟仍裹足不前。除此之外，一九七三年十月，中東阿拉伯各國對支持以色列的國家施壓，導致石油出口價格大幅飆升，影響遍及全球，引發了第一次石油危機。這件事造成各國物價迅速攀升，印度也不例外，於是生活貧窮的平民便發起了反政府運動。英迪拉因此頒布了國家緊急命令，強化了威權統治。

印度的農業政策獲得了一定程度的成功。一九六〇年代的印度遭遇乾旱，面臨糧食不足的問題。因此政府以旁遮普邦為中心，計劃推動灌溉事業、推廣化學肥料和農藥、引進新的作物品種。這項政策就稱作「綠色革命」，以印度為先驅，墨西哥和菲律賓也跟進實施，並獲得了成果。整個一九七〇年代，小麥和稻米的農業產量大幅上升，印度的糧食幾乎可以自給自足，不再需要仰賴進口。近年來，印度小麥和稻米的產量皆名列全球第二（引自聯合國糧食及農業組織二〇〇八年的報告），甚至還足以出口。

即使如此，國民仍然不信任威權政府，一九七七年的大選結果，由反對英迪拉的國民大會黨一支派系、印度人民同盟等黨派聯合組成的人民黨（Janata Party）大勝，取得了執政權。這是從印度獨立以來，國民大會黨首度下野。

周邊版圖的變化

一九七〇年代，印度周邊發生了許多變化。

巴基斯坦獨立後，版圖是由位於印度西方的西巴基斯坦，和位於孟加拉地區的東巴基斯坦，這兩個地區所構成。

巴基斯坦的分離獨立

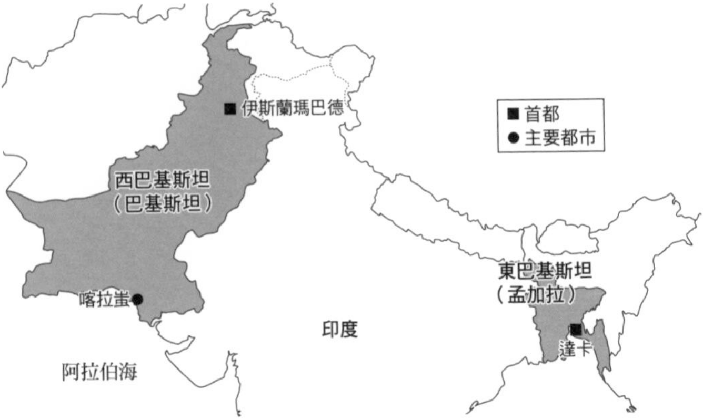

兩個地區距離甚遠，所以語言和文化也有很大的差異。西巴基斯坦主要使用烏爾都語，東巴基斯坦則主要使用孟加拉語。人口方面是東巴基斯坦較多，但首都位於西巴基斯坦（一九六〇年以前位於南部的喀拉蚩，此後都位於北部的伊斯蘭瑪巴德），由西巴基斯坦主導政治。

自然地，東巴基斯坦的居民大為不滿，在一九七一年三月宣布獨立，建立孟加拉人民共和國。巴基斯坦（舊西巴基斯坦）從西部派軍試圖阻止東部獨立，但印度卻支援孟加拉，於是同年十二月爆發第三次印巴戰爭。

印度軍擊退巴基斯坦軍後，孟加拉的獨立獲得了國際認可。孟加拉（Bangladesh）一名，在孟加拉語意指「孟加拉人的國家」。

同一時期，錫蘭島也蠢蠢欲動。當地繼一九四八年獲得英國授予的自治權後，於一九七二年獨立，國名為斯里蘭卡共和國。斯里蘭卡在錫蘭島使用的僧伽羅語中，意指「散發神聖光輝的島嶼」。一九七八年，該國從內閣制轉為總統制，同時將國名改為斯里蘭卡民主社會主義共和國。

斯里蘭卡的居民大多為僧伽羅人，自古以來就信仰佛教（上座部佛教）。在英國殖民時代，信仰印度教的坦米爾人從印度遷徙而來，成為這裡種植茶葉的勞動力。而在斯里蘭卡北部，自古定居的坦米爾人在這一帶占據人口的多數。由於斯里蘭卡政府對原住民僧伽羅人推出優待政策，引起當地的坦米爾人不滿，便鼓吹武裝對抗的反政府運動，組成坦米爾伊蘭猛虎解放組織（LTTE），向僧伽羅人和政府軍發起襲擊。印度介入這場衝突，支持斯里蘭卡的坦米爾人。

而印度東北部緊鄰喜馬拉雅山脈的尼泊爾和不丹之間，有個從十七世紀延續下來的錫金王國。一九五〇年，該地成為印度的保護國後，一九六〇年代由親印派人士執政，經過公民投票的結果，在一九七五年五月併入印度，成為錫金邦。

到了一九七〇年代，世界各地有愈來愈多人造訪印度。起因是歐美的文化人士透過印度出身的電影導演薩雅吉・雷（Satyajit Ray）的作品，開始對印度產生濃厚的興趣。除此之外，反思近代西洋文明、崇尚自然生活風格的嬉皮思想逐漸傳播，使得亞洲的傳統文化和樸實的農村風景受到青睞。英國人氣搖滾樂團披頭四的成員就經常造訪印度，並且將塔布拉鼓和錫塔琴這些印度樂器融入作品的伴奏中。

受到披頭四音樂的影響，從歐美和日本遊訪印度的年輕人變多了，瑜伽、香料、印度教神職人員進行的冥想、在恆河沐浴等印度的生活習慣和宗教文化，都逐漸廣為世界所知。

一九七九年，德蕾莎修女（Mother Teresa）以印度加爾各答為中心，長年幫助貧民和病人而榮獲諾貝爾和平獎。德蕾莎修女在一九九七年於加爾各答去世，儘管她出生於鄂圖曼帝國（現在的北馬其頓共和國），但印度仍為她舉行了國葬。

母子相繼遇刺

人民黨掌握了政權，但它畢竟是地方政黨、主張社會主義的團體等各方勢力雜處的政黨，因此內鬨不斷，政策也朝令夕改。在這種局勢下舉行的一九八〇年印度大選，國民大會黨又取回了執政權，英迪拉回歸總理職位。人民黨之後經過分裂重組，成為新的印度人民黨。

在英迪拉第二次執政下，從以前就沒完沒了的印度教徒和穆斯林、錫克教徒的宗教衝突，以及中央政府和地方的對立變得更加嚴重。尤其是旁遮普邦的錫克教徒激進派主張獨立，不時發動恐怖攻擊行動。印度軍在一九八四年六月，武力鎮壓了聚集在錫克教的聖地阿姆利則金廟的錫克教徒；結果同年十月，錫克教徒的激進派為了報復，成功暗殺了英迪拉。失去領袖的國民大會黨，便推舉英迪拉的兒子拉吉夫（Rajiv Gandhi）成為新領袖，贏得了一九八四年的選舉，拉吉夫就任為總理。

拉吉夫原本是個飛行員，沒有從政經驗，不過他卻打破前例、推動前所未有的改革。從尼赫魯總理時代開始，印度為了保護國內產業，一直縮限進口與外國企業的活動；但拉吉夫卻開放自由貿易，積極引進外國資金，振興電子儀器的開發等全新產業。此外，他還一改原本親蘇聯的外交策略，轉而和美國與中國建立友好關係。

不過，在拉吉夫執政時期，印度國內的宗教和地區對立仍未改善，外交上與巴基斯坦的對峙依然持續；此外，印度在取得斯里蘭卡政府的同意後，派出維和部隊前進斯里蘭卡。但是，印度和LTTE的戰鬥卻陷入僵局，造成財政緊迫。最後在斯里蘭卡政府的攻勢下，二〇〇九年徹底消滅LTTE。然而，斯里蘭卡的民族和宗教對立，至今仍未完全消弭。

就在政策窒礙難行之際，拉吉夫因為軍購爭議而遭受國民撻伐，導致國民大會黨在一九八九年大選慘敗。之後，以一九八八年組成的統一人民黨（Janata Dal）為中心，與共產黨等黨派聯合的新政權發跡，但翌年隨即解除結盟，新政權就這麼輕易垮台。同一時期發生的大事，有一九九〇年八月波斯灣戰爭導致石油價格暴漲，以及印度外債劇增。印度的外匯市場枯竭，瀕臨破產，使國內開始強烈追求經濟自由化。

一九九一年，激進派的坦米爾人不滿拉吉夫對斯里蘭卡內戰的處理態度，暗殺了正在參加競選活動的拉吉夫。拉吉夫的死引發民眾對國民大會黨的同情，同年大選的結果，是國民大會黨重新執政。來自南印度、首度擔任總理的納拉辛哈・拉奧（Narasimha Rao），原先是英迪拉與拉吉夫政府的官員。

納拉辛哈就任後，從根本改革了過去的社會主義式經濟政策，推動經濟自由化。同年，社會主義國家的軸心蘇聯解體，於是支持經濟自由化的輿論愈來愈普遍。

激化的內外宗教對立

一九九〇年代的印度，在經濟起飛後，也帶動起提升貧民生活水準的社會改革。一九九七年七月，科切里爾・拉曼・納瑞雅南（Kocheril Raman Narayanan）是印度第一位就任為總統的賤民種姓。

不過，宗教對立的問題依然根深蒂固，以印度人民黨為中心的印度教民族主義迅速崛起，開始仇視穆斯林。一九九二年十二月，北部阿約提亞出現激進的印度教徒集團，破壞蒙兀兒皇帝巴布爾所建的清真寺。除此之外，各地也經常發生印度教徒和穆斯林的衝突。

宗教對立激化的背景有許多原因，自獨立以來，與印度對立的巴基斯坦及伊朗、阿富汗等鄰國，國內的伊斯蘭基本教義派勢力高漲，使印度提高戒心；而過去在亞洲和中東制衡地區角力的美國與俄羅斯（舊蘇聯），雙方的勢力平衡也已然瓦解。

因一九九八年的大選結果而成立的印度人民黨政權，宣布要進行地下核子實驗，以嚇阻鄰近各國。然而，已開發出核子武器來對抗的巴基斯坦，也開始進行核子實驗，導致兩國局勢緊繃起來。在伊斯蘭基本教義派恐攻行動蔓延至全球各地時，巴基斯坦政府不僅與印度敵對，國內也發生政府與激進派穆斯林的衝突。

印度教民族主義造成國民反彈與貧民不滿，於是在二〇〇四年的大選中，印度人民黨敗選，以國民大會黨為中心的聯合進步同盟執政。這時的國民大會黨代表，是拉吉夫的遺孀桑妮雅・甘地（Sonia Gandhi），然而在野黨批評她是義大利人（一九八四年已取得印度國籍），於是她辭退總理，提名前財政部長曼莫漢・辛格（Manmohan Singh）。辛格是錫克教徒，是史上第一位非印度教徒的總理。

辛格以經濟學者的身分進入政壇，曾任財務省要職，在他的執政下，印度的經濟成長依然非常順利。在二〇〇九年的大選中，以國民大會黨為主體的聯合進步同盟依然大獲全勝，辛格成功連任總理。但是，第二期的辛格政府卻對經濟改革十分消極，內閣被爆出涉及貪污，因而失去了國民的信賴。

二〇一四年的大選中，勝選的是以納倫德拉・莫迪（Narendra Modi）率領的印度人民黨為中心的全國民主聯盟。莫迪以前是古加拉特邦的首長，在任內創造出顯著的經濟發展，能力備受肯定。他也裁減公務員、開除瀆職者，贏得國民廣大的支持。莫迪就任總理後，推動開放海外投資、計劃振興製造業等「莫迪經濟學」的結構改革。二〇一九年的大選中，也是由印度人民黨勝選，莫迪連任總理。

在經濟自由化的政策之下，印度的經濟成長率在二〇〇二年來到三・八%，翌年上升到八・四%，直到辛格和莫迪執政的二〇一〇年以前，都維持年成長率約七%的高成長率。二〇一九年，印度國內生產毛額（GDP），是僅次於美國、中國、日本、德國的全球第五名。

印度的經濟成長及其潛在可能的因素之一，就是人口。印度人口在二〇〇〇年突破十億人，二〇一九年已達到十三億六千萬人以上。根據聯合國二〇一九年的推估，印度在二〇二七年會超越中國、成為全球人口最多的國家。因為穩健的經濟成長，使印度擁有高消費慾的中產階級增加，促進了印度的經濟發展。

印度有顯著的經濟發展，但莫迪政府下的印度教民族至上主義也是一大隱憂。二〇一九年，印度空軍襲擊潛伏於巴基斯坦的伊斯蘭教激進分子；二〇二〇年，印度軍在喀什米爾與中國軍爆發衝突，這些外交上的問題依然未能解決。

展望世界

現代印度有塔塔和貝拉等大企業財團引領鋼鐵、金融、汽車及其他眾多產業，城市的交通路網和生活公共設施正在快速擴充。二〇〇二年十二月，由日本政府開發援助的德里地鐵（Delhi Metro）也開始營運。

其中最顯著的發展就是資訊科技產業。特別是南部卡納塔卡邦的首府邦加羅爾，當地聚集許多資訊科技企業，所以又有「印度矽谷」之稱。當地的資訊科技公司總部皆設於此地，美國的谷歌和微軟、日本的索尼和豐田這些外國大企業，也都在這裡設立了辦公室。印度政府從二〇一四年開始推動「數位印度」計畫，在全國的通訊、教育、行政服務系統中大量導入資訊科學技術，創造出大量的新職缺。

國際知名的印度人也非常多，像是美國哈佛大學教授阿馬蒂亞・森（Amartya Sen），在一九九八年成為亞洲首位諾貝爾經濟學獎得主。二〇一四年，薩蒂亞・納德拉（Satya Nadella）出任美國微軟公司執行長；翌年，桑德爾・皮查伊（Sundar Pichai）出任谷歌公司執行長。在經濟全球化的浪潮下，曾是英國殖民地的印度，高等教育是以英語授課，並以英語為第二官方語言，這些都是他們與外國企業交

易、海外發展的有利因素。在日本從事資訊科技產業的印度人也很多，居留人數在二〇一九年十二月時已經超過四萬人（引自日本法務省在留外國人統計）。

近年來，孟買製作出許多讓我們開始對印度感到親切的寶萊塢電影，當地也是象徵印度經濟成長的城市。寶萊塢一名，是由孟買（Bollywood）的舊稱Bombay和美國好萊塢（Hollywood）結合而成。孟買人口為全印度最多、超過一二〇〇萬人，中央銀行的印度儲備銀行總行、印度最大的孟買證券交易所都設置在這裡。一九九〇年代以後，從孟買開始，印度各城市紛紛將殖民地時代使用的稱呼，改為接近當地發音的名稱。改名的意義也是為了擺脫過去英國殖民地的印象。

印度現在依然有種姓造成的就職差異和婚姻差異，還有女性地位低落，上下水道等生活公共設施建設不足，印度教和伊斯蘭教、錫克教的宗教對立等種種難題。不過，印度面對這些自古以來的各種問題，同時又達成出色的經濟發展以及隨之而來的社會變化。令人期待數十年後的印度社會風貌。

耐人尋味的印度偉人⑥

將印度介紹給全世界的電影導演

薩雅吉・雷

Satyajit Ray

（1921～1992）

國際影展眾多獎項的得主

出生於加爾各答的薩雅吉，在詩人泰戈爾的私設學校（現為泰戈爾國際大學）裡學習美術，青年時期是一家廣告公司的設計師。

1947年，他在加爾各答設立了電影協會，在放映電影時，因為協助來訪印度的法國電影導演尚・雷諾瓦（Jean Renoir），才開始想成為電影導演。1955年，他發表了首次執導的作品《大地之歌》，這部片描述孟加拉小孩阿普（Apu）的日常際遇，結果在法國坎城影展中榮獲最佳人文紀錄片獎。

之後，他又陸續拍攝以長大的阿普為主角的《大河之歌》與《大樹之歌》，以及描述第二次世界大戰時期孟加拉人生活的《遙遠的雷鳴》。

他的作品都獲得很高的評價，不僅榮獲世界三大影展的殊榮，也得到奧斯卡終身成就獎。

印度的主要王國和王朝

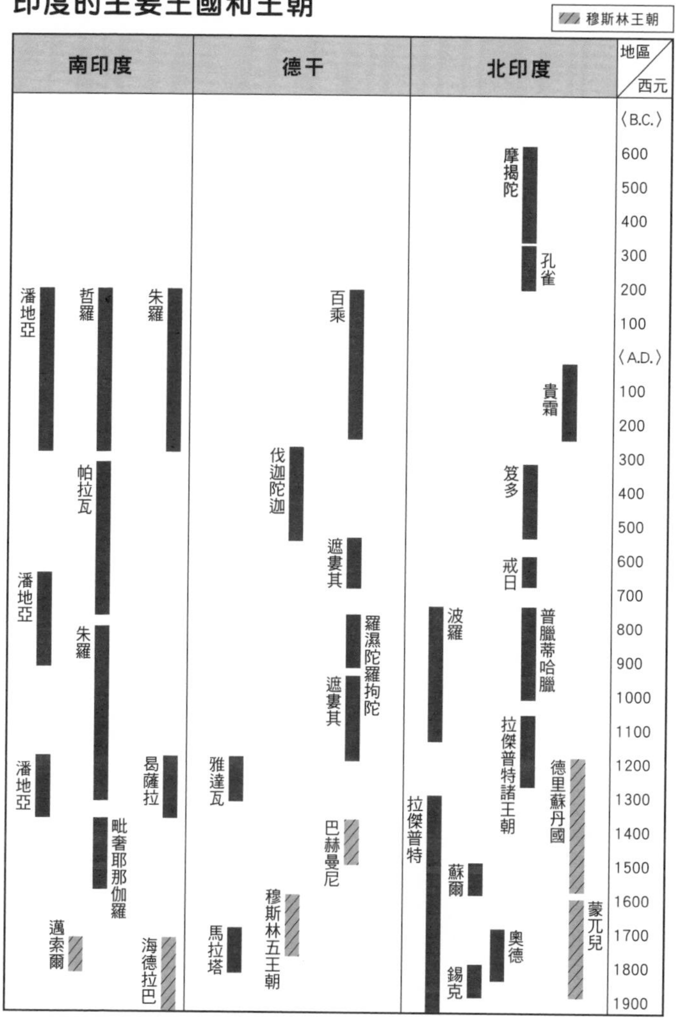
穆斯林王朝
南印度
德干
北印度
地區
西元
〈B.C.〉
600
500
400
300
200
100
〈A.D.〉
100
200
300
400
500
600
700
800
900
1000
1100
1200
1300
1400
1500
1600
1700
1800
1900
摩揭陀
孔雀
潘地亞
哲羅
朱羅
百乘
貴霜
伐迦陀迦
笈多
帕拉瓦
遮婁其
戒日
潘地亞
朱羅
羅濕陀羅拘陀
波羅
普臘蒂哈臘
遮婁其
拉傑普特諸王朝
潘地亞
曷薩拉
雅達瓦
德里蘇丹國
拉傑普特
毗奢耶那伽羅
巴赫曼尼
蘇爾
穆斯林五王朝
蒙兀兒
邁索爾
海德拉巴
馬拉塔
奧德
錫克

祕密專欄

印度的國旗

國旗裡包含對融合的期盼

印度在脱離英國獨立的前一個月，一九四七年七月二十二日，制定了印度的國旗。獨立當時，正值宗教對立最嚴重的時刻，因此印度的國旗可以看作是對民族融合的強烈心願。

三色旗當中的番紅花色象徵勇氣，綠色象徵豐收，中間的白色則象徵和平。此外，番紅花色也代表了印度教，綠色代表伊斯蘭教，白色代表其他宗教。國旗中央的紋章，是源自孔雀王朝的阿育王在各地豎立的石柱柱頭上雕刻的法輪，表現出阿育王歌頌博愛的精神。

與印度分離獨立的巴基斯坦，國旗也使用了象徵伊斯蘭教的綠色，上面畫的弦月代表進步與發展、星星代表光明與知識，二者同時也象徵了伊斯蘭教。白

〈印度國旗〉

上段：番紅花色
中段：白色
下段：綠色

〈巴基斯坦國旗〉

右側：綠色
左側：白色

〈孟加拉國旗〉

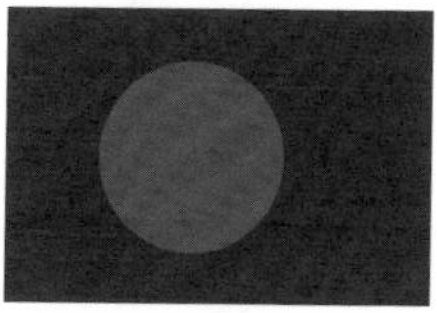

圓：紅色
整體：墨綠色

色除了意味著和平以外，也代表穆斯林與非穆斯林團結一致。

孟加拉的國旗和日本很像，但配色不同。這並不是巧合。因為第一任總統希望孟加拉可以像日本一樣繁榮發展，才將這個心願融入設計中。紅色圓形象徵太陽和獨立時所流的血，綠色象徵豐饒的大地和伊斯蘭教。孟加拉的國旗綠色之所以比巴基斯坦的更深，是為了與巴基斯坦區別。

此外，中間的「●」稍微偏左側，是為了國旗在風中飄揚時，可以讓「●」看起來位在正中央所做的巧思。

印度的歷史 年表

這份年表是以本書提及的印度歷史為中心編寫而成。

配合下半段的「世界與日本歷史大事紀」，可以更深入理解。

年代	印度大事紀	世界與日本歷史大事紀
〈紀元前〉		
2600年前後	印度河流域文明興起、發達	世界 埃及文明興起（3000年前後）
1500年前後	雅利安人開始進駐印度	世界 中國商朝成立（1500年前後）
1000年前後	《梨俱吠陀》成書	世界 所羅門王即位（960年前後）
6世紀前後～	十六王國割據	世界 孔子出生（551年前後）
5世紀前後	佛教與耆那教創立	世界 提洛同盟成立（478年前後）
326	亞歷山大大帝進軍印度西北部	世界 波斯阿契美尼德王朝滅亡（330）
317	孔雀王朝成立	世界 托勒密王朝成立（304年前後）
3世紀	阿育王幾乎統一印度次大陸	世界 第一次布匿戰爭開始（264）
	坦米爾三王國共存（南印度）	世界 秦統一中國（221）

1世紀	百乘王朝成立（德干）	世界 耶穌出生（4年前後）
〈紀元〉		
1世紀	貴霜王朝成立（北印度）	日本 奴國王派使節拜訪東漢（57）
4世紀	笈多王朝成立（北印度）	世界 頒布米蘭敕令（313）
	兩大史詩成書	世界 朝鮮半島三國共立（350年前後）
4～5世紀前後	印度教創立	世界 日耳曼人大遷徙（375年前後）
6世紀	遮婁其王朝成立（德干）	世界 穆罕默德出生（570年前後）
	帕拉瓦王朝成立（南印度）	日本 佛教傳來（538年或552年前後）
606	戒日王朝成立（北印度）	日本 派出遣隋使（607年前後）
630	中國僧侶玄奘來朝	日本 派出第一次遣唐史（630）
7世紀	阿旃陀石窟建造完成	日本 壬申之亂（672）
9世紀	朱羅王朝成立（南印度）	世界 基輔大公國建國（882）
10世紀前後	埃洛拉石窟開鑿結束	日本 承平天慶之亂（940年前後）
1025年前後	朱羅王朝遠征東南亞	世界 塞爾柱王朝成立（1038）
12世紀	古爾王朝成立（北印度）	世界 葡萄牙王國成立（1143）

年代	印度大事紀	世界與日本歷史大事紀
1206	奴隸王朝開始（北印度）	日本 北條時政成為初代執權（1203）
1336	毗奢耶那伽羅王朝建立（南印度）	世界 第一次百年戰爭（1339）
1347	巴赫曼尼蘇丹國成立（德干）	世界 歐洲黑死病流行（1350年前後）
15～16世紀	錫克教創立	日本 嘉吉之亂（1441）
1526	蒙兀兒帝國成立	世界 印加帝國滅亡（1533）
17世紀	英國東印度公司進駐印度	世界 清教徒革命開始（1642）
17～18世紀	蒙兀兒帝國迎向全盛時期	日本 享保改革開始（1716）
1857	發生印度暴動	世界 克里米亞戰爭開始（1853）
1858	蒙兀兒帝國滅亡	日本 簽訂美日修好通商條約（1858）
	印度政府法案頒布。印度成為英國領土	世界 南北戰爭開始（1861）
1885	印度國民大會黨創立	日本 頒布大日本帝國憲法（1889）
1906	穆斯林聯盟創立	日本 日俄戰爭開始（1904）
1930	食鹽進軍	世界 全球經濟大蕭條（1929）
1935	新印度政府法案頒布	日本 中日戰爭開始（1937）

1942	退出印度運動開始	世界 第二次世界大戰開始（1939）
1947	印度獨立	日本 頒布日本國憲法（1946）
	第一次印巴戰爭爆發	世界 巴基斯坦分離獨立（1947）
1948	甘地遇刺	世界 真納去世（1948）
1950	印度憲法生效	世界 韓戰開始（1950）
1962	中印邊界衝突	世界 古巴飛彈危機（1962）
1965	第二次印巴戰爭爆發	日本 舉辦東京奧運（1964）
1971	第三次印巴戰爭爆發	世界 孟加拉建國（1971）
1974	首度進行核子實驗	世界 越戰結束（1975）
1977	國民大會黨首次失去執政權	日本 簽訂中日和平友好條約（1978）
1984	英迪拉遇刺	世界 兩伊戰爭開始（1980）
1991	拉吉夫遇刺	日本 開徵消費稅（1989）
	經濟自由化開始	世界 波斯灣戰爭（1991）
2004	聯合進步同盟開始執政	世界 伊拉克戰爭開始（2003）
2014	全國民主聯盟開始執政	日本 三一一東日本大地震（2011）

参考文献

『詳説 世界史研究』木村靖二、岸本美緒、小松久男編(山川出版社)
『山川詳説 世界史図録』木村靖二、岸本美緒、小松久男監修(山川出版社)
『世界各国史7 南アジア史』辛島昇編(山川出版社)
『新版 南アジアを知る事典』辛島昇、前田専学ほか監修(平凡社)
『インドを知る事典』山下博司、岡光信子(東京堂出版)
『古代インド』中村元(講談社学術文庫)
『世界の歴史〈6〉古代インド』佐藤圭四郎(河出文庫)
『世界の歴史〈3〉古代インドの文明と社会』山崎元一ほか(中公文庫)
『南アジアの歴史 複合的社会の歴史と文化』内藤雅雄、中村平治編(有斐閣)
『世界歴史大系 南アジア史2 中世・近世』小谷汪之編(山川出版社)
『世界歴史大系 南アジア史3 南インド』辛島昇編(山川出版社)
『世界史リブレット ムガル帝国時代のインド社会』小名康之(山川出版社)
『世界の歴史〈14〉ムガル帝国から英領インドへ』水島司、佐藤正哲、中里成章ほか(中公文庫)
『世界の歴史〈19〉インドと中近東』岩村忍、勝藤猛、近藤治(河出文庫)
『世界の歴史〈27〉自立へ向かうアジア』狭間直樹、長崎暢子(中公文庫)
『世界史リブレット イギリス支配とインド社会』粟屋利江(山川出版社)
『インド現代史(上巻)』ラーマチャンドラ・グハ著、佐藤宏訳(明石書店)
『世界の統計 2020年版』(総務省統計局)
『図解雑学 大発見! あなたの知らない世界地図』(ナツメ社)
『全世界史 下巻』出口治明(新潮文庫)
『10の「感染症」からよむ世界史』脇村孝平監修(日経ビジネス人文庫)

[監修]

水島司

1952年生於富山縣。東京大學名譽教授，文學博士，專攻南亞史。著有《前近代南インドの社会構造と社会空間》（東京大學出版會）、《インド・から》（山川出版社）、《世界の歴史〈14〉ムガル帝国から英領インドへ》（中公文庫，合著）等多本著作。1996年開始參與 NHK「高校講座 世界史」等30多部歷史性節目的製作。

編輯・構成／造事務所
設計／井上祥邦
文字／菅沼佐和子、前原利行、佐藤賢二
插畫／ suwakaho

極簡印度史

出　　版／楓樹林出版事業有限公司
地　　址／新北市板橋區信義路163巷3號10樓
郵政劃撥／19907596 楓書坊文化出版社
網　　址／www.maplebook.com.tw
電　　話／02-2957-6096
傳　　真／02-2957-6435
監　　修／水島司
翻　　譯／陳聖怡
責任編輯／江婉瑄
內文排版／楊亞容
港澳經銷／泛華發行代理有限公司
定　　價／350元
出版日期／2022年11月

國家圖書館出版品預行編目資料

極簡印度史 / 水島司監修 ; 陳聖怡譯. -- 初版. -- 新北市 : 楓樹林出版事業有限公司, 2022.11 面 ; 公分

ISBN 978-626-7108-91-8（平裝）

1. 印度史

737.01　　111014412